503 supermanzanas

Salvador Rueda
en conversación con Gabi Martínez

503 supermanzanas

Cómo convertir las calles en plazas

EDITORIAL ANAGRAMA
BARCELONA

Ilustración: Cruce de la calle Consell de Cent con Comte Borrell, Barcelona. Detalle de la baldosa diseñada por Josep Puig i Cadafalch.

Primera edición: *abril 2025*

Diseño de la colección: lookatcia.com

Pau Claris, 172
08037 Barcelona

ISBN: 978-84-339-3202-0
Depósito legal: B. 3283-2025

Printed in Spain

Especialidades Gráficas Editoriales, S. A. Carrer de Rois de Corella, 12
08025 Sabadell

INTRODUCCIÓN: CAMBIARLO TODO SIN CAMBIAR NADA

En una ocasión un periodista me hizo una entrevista a raíz de la implantación de las supermanzanas del distrito de Gràcia en Barcelona, después de media hora de charla me dijo: «Entonces tú lo que quieres es cambiarlo todo sin cambiar nada». Exacto, pensé, esa es la idea.

El objetivo de este libro, que se va desgranando a través de una conversación con Gabi Martínez, es explicar al gran público lo que son las supermanzanas y por qué pueden cambiarlo todo sin cambiar nada. El sentido de la frase es justo el contrario de la ya famosa sentencia de *El Gatopardo*: «Que parezca que lo cambiamos todo para que nada cambie».

Desde su concepción en 1987 las supermanzanas han ido evolucionando y, hoy, además de ser la base del modelo de movilidad y espacio público de cualquier ciudad, lo son también del urbanismo ecosistémico, ya que se comportan como fractales que resuelven en su seno los mismos objetivos que se pretenden solucionar para la ciudad entera. Las supermanzanas urbanísticas son como pequeñas ciudades.

El modelo de supermanzanas propone, a través del rediseño de las redes de transporte, cambiar la movilidad urbana y el espacio público de las ciudades. El modelo de supermanzanas, de hecho, define una red que integra las redes de transporte en su perímetro y busca liberar la máxima superficie urbana dedicada al tráfico vehicular asegurando el funcionamiento y la organización urbanos, y busca, también, reducir las disfunciones del actual modelo de movilidad. La red de supermanzanas se acomoda a la morfología y a la red de vías principales de cada ciudad. En Barcelona, por ejemplo, la propuesta permitiría que, con un 15 % menos de tráfico, se liberara el 70 % del viario que hoy se dedica al tráfico vehicular, lo que generaría calles compartidas con prioridad para el peatón (más de 2.500 calles se transformarían en lugares para el contacto social) y permitiría un cambio de usos en el espacio público. Solo un tercio de las calles de la ciudad se especializaría para asegurar la distribución de mercancías y el transporte de personas, y las dos terceras partes restantes estarían destinadas al contacto social y al contacto con la naturaleza.

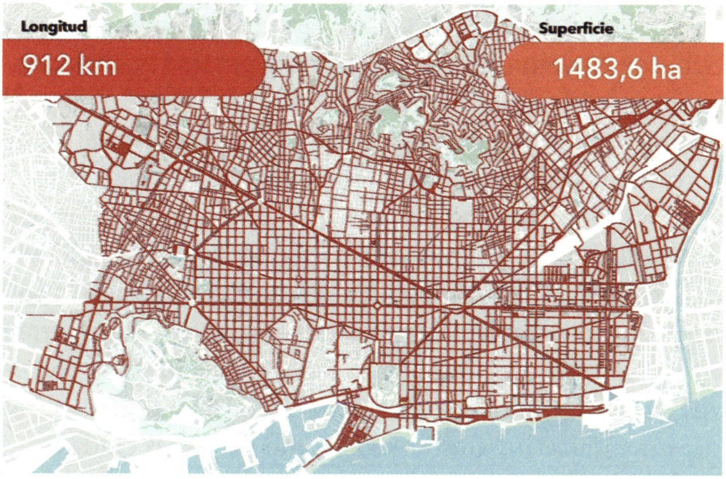

Espacio público de Barcelona dedicado a la movilidad de paso (2015). Fuente: BCNecologia.

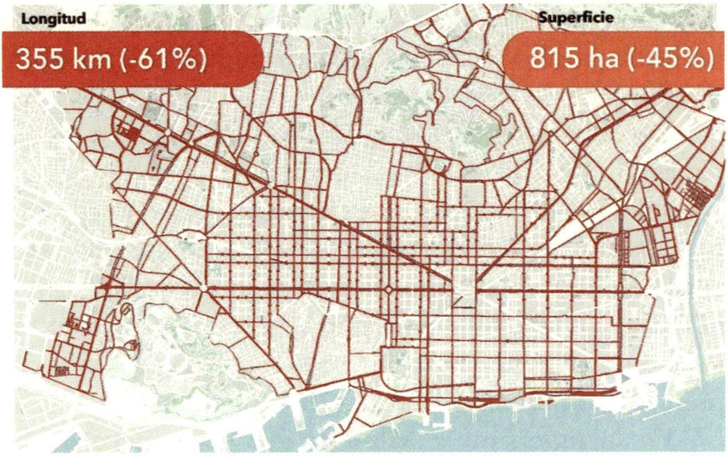

Red de supermanzanas aprobada por el Ayuntamiento de Barcelona en el plenario de marzo de 2015. Fuente: BCNecologia y Ayuntamiento de Barcelona.

La nueva calle del siglo XXI convierte las calles en plazas. Cambia el modelo de espacio público e incrementa la habitabilidad y la calidad urbanas. Incide sobre la mayoría de las disfunciones de las ciudades: el ruido, la contaminación atmosférica, el efecto de la isla de calor, el consumo de energía, las emisiones de gases de efecto invernadero, la ocupación masiva del espacio público..., se reducen y se crean espacios calmados, con elevada calidad del aire, con temperaturas más confortables, con mayor superficie de verde, con más espacio para usos distintos al de la movilidad, con mayor número y diversidad de actividades.

En una ocasión tuve, junto con mi equipo, la oportunidad de explicar el modelo de supermanzanas a una delegación de la ciudad china de Hangzhou (con diez millones de habitantes). Al ir desglosando las cifras antes citadas, el líder de la delegación nos dijo: «Ustedes no son técnicos, ustedes son magos». Pero el cambio que proponen las supermanzanas no es fruto de la magia, es consecuencia de las matemáticas y del conocimiento profundo de la teoría de redes.

Las redes ortogonales[1] son las más eficientes en los sistemas urbanos. El cambio es consecuencia, pues, del conocimiento. El modelo de supermanzanas se puede implantar con soluciones tácticas de solo 45 euros el metro cuadrado en toda Barcelona: una inversión de 300 millones de euros (30 millones al año si se implantan en su totalidad en un período de diez años), tan solo el 0,78 % del presupuesto municipal anual de 3.800 millones.

En su momento se habló de que una reducción del 15 % del tráfico no era un problema para la funcionalidad de la ciudad. La última encuesta de movilidad realizada en 2023 certifica que la reducción obtenida con la aplicación del Plan de Movilidad Urbana de Barcelona (2013-2018) ya es del 25 % y la ciudad funciona mejor que nunca. Por todo ello, la implantación de las supermanzanas en Barcelona supondría cambiar las redes de transporte y los usos del espacio público, su habitabilidad y su calidad. Se cambiaría todo, con una inversión mínima y sin ningún contratiempo para la funcionalidad y la organización urbanas: es decir, sin cambiar nada.

SALVADOR RUEDA

1. Las redes ortogonales conforman una cuadrícula en la que las líneas verticales y horizontales son perpendiculares entre sí, formando cuadrados o rectángulos. En la ciudad estas redes se visualizan bien en los tejidos de ensanche; en otros tejidos con distinta morfología se busca que se asemejen a la idea de cuadrícula.

MARCA

Después de tres décadas y tras muchísimos obstáculos las supermanzanas se están implantando en varias ciudades del mundo. Pero en los últimos meses la palabra parece tener menos presencia pública en Barcelona. ¿A qué crees que se debe ese ocultamiento justo en la ciudad donde se idearon?

En Barcelona, las idas y venidas siempre se han sucedido. Sigue una especie de ley del péndulo por la que una idea pasa por un momento álgido, luego va hacia atrás, toma impulso y vuelve a desarrollarse. Ha sido así desde 1987, cuando propuse el modelo de supermanzanas para resolver los problemas ligados al ruido. Este ir y venir a veces tiene más que ver con el contexto político que con el concepto en sí. Cualquier idea, por buena que sea, puede abandonarse porque no es una idea de quien manda o porque algunos sectores con poder consideran que podría lesionar sus intereses. La política no deja de ser una correa de transmisión de los poderes económicos.

Pero lo importante es que la idea ha viajado y es ampliamente conocida en el mundo. Ahora, una parte significativa de técnicos de la Administración en los cinco continentes y una parte importante de la comunidad académica mundial tiene conocimiento de ella. Acabo de volver de una reunión con urbanistas en Nápoles y prácticamente todos los asistentes sabían de qué estaba hablando.

Esto es un ir y venir. Que ahora se esté más o menos por la labor depende de muchísimos factores que nada tienen que ver con el concepto. Pero la idea de la supermanzana se está extendiendo. En Latinoamérica, por ejemplo, muchísimo. En Nueva Zelanda di veinte conferencias en las cuatro ciudades más importantes del país con aforos de hasta 750 personas.

Guste o no, las supermanzanas son el concepto más importante de Barcelona en el mundo desde el punto de vista urbanístico. De hecho, la marca Barcelona impulsa con más fuerza la propuesta de supermanzana gracias al lugar que ocupa la ciudad internacionalmente, que es muy elevado en el ámbito de la arquitectura y el urbanismo.

Podría entonces decirse que las supermanzanas son la propuesta más innovadora, incluso revolucionaria, que ha lanzado Barcelona en los últimos tiempos. Una auténtica marca de ciudad.

Estoy plenamente convencido de ello. Hay muchas iniciativas de construcción de supermanzanas por todo el mundo, se están publicando multitud de artículos científicos y en la prensa cotidiana a raíz del concepto, y esto no ha hecho más que empezar. Pero los procesos de cambio en las ciudades tienen escalas temporales distintas a los de la vida humana, son más largos. Sin ir más lejos, Cerdà hizo una propuesta de transformación aprobada en 1859 y, 165 años después, todavía no se ha acabado de llevar a la práctica en su totalidad. Las ideas y su plasmación en la realidad tienen ritmos diferentes.

Cuando hablamos de supermanzana, mucha gente piensa en el trazado en cuadrículas del Ensanche barcelonés y se pregunta cómo aplicarlo a otros lugares. Sin embargo, abundan las ciudades con trazados más sinuosos que han incorporado la idea de inmediato.

Para explicar el concepto: utilizo una imagen del tejido central de Barcelona, donde la supermanzana tiene 400 × 400 metros, unas 16 hectáreas, que se ajusta a una trama del Ensanche de 3 × 3 manzanas. El imaginario de la mayoría asocia la supermanzana a un tejido ortogonal como el del Ensanche de Barcelona, y creen que solo es posible juntando tres manzanas por tres. Esa medida de tres por tres es un ejemplo para que resulte más fácil comprender la idea, pero la supermanzana es una red que se acomoda a la morfología y al viario de cada ciudad. El elemento clave para definir la extensión de la supermanzana es el tiempo que tardas en darle la vuelta en coche y no tanto la morfología. Si el coche en la ciudad va cuatro, cinco o seis veces más veloz que una persona andando, el tiempo que se invierte en dar la vuelta a una supermanzana

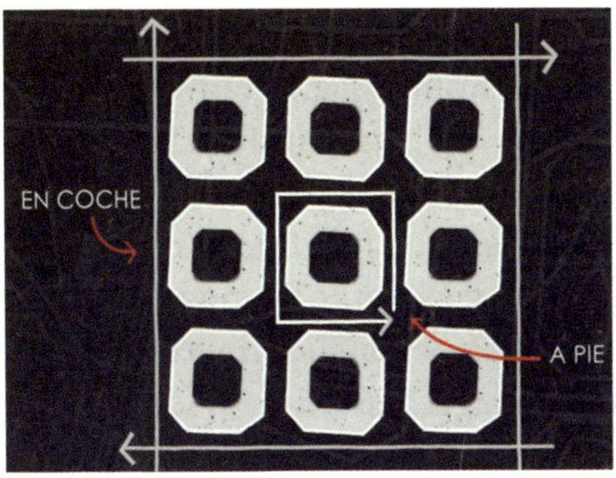

La urbanización del coche. El tiempo que se invierte en dar una vuelta a pie a una manzana es similar al tiempo que se tarda en dar una vuelta a una supermanzana en coche. Fuente: Elaboración propia.

de 400 × 400 metros en coche debe ser similar al que se tarda en dar la vuelta a una manzana de 100 metros a pie.

Las ciudades se hicieron pensando en los movimientos a pie y con tracción animal. De ahí que el tamaño de las manzanas sea el que es. Esto se traduce en un tiempo mental determinado y hay que ajustar el tamaño a ese tiempo. Las manzanas se acomodan a las velocidades del peatón y las supermanzanas a las velocidades del coche. Por otra parte, el tamaño de la supermanzana está también relacionado con el transporte público, es decir, la distancia entre cualquier punto dentro de una supermanzana y una parada de autobús debe ser siempre menor a 300 metros.

¿Cuáles son esos tiempos? ¿Cuánto tarda alguien en dar la vuelta a una manzana a pie y cuánto en coche?

Una manzana suele tener entre 70 y 120 metros dependiendo de la morfología del tejido urbano del que se trate. Calculando una velocidad a pie de cuatro kilómetros por hora, una persona tarda lo mismo en dar una vuelta a pie a una manzana de 100 metros de lado que un coche en dar la vuelta a una supermanzana de entre 400 o 500 metros de lado: cinco o seis minutos. El gran error de los planificadores urbanísticos fue permitir que el coche ocupara todos y cada uno de los tramos de las calles. Con las velocidades actuales es bastante probable que el coche que va por una determinada calle deba parar en cada cruce, pues en las calles que intersectan se encuentra con otros coches que también quieren llegar rápido a su destino. El resultado es una elevada ineficiencia en tiempo de viaje, en energía y en ocupación del espacio público (más del 60 %). Lo que es absurdo. Las supermanzanas acomodan la trama destinada al coche a sus características de velocidad, urbanizándolo, domesticándolo. Acomodan la urbanización al medio de locomoción tal como lo definió Ildefonso Cerdà en su *Teoría general de la urbanización.*[1] Y la velocidad del conjunto de los modos de transporte se incrementa un 7 %. La regeneración de una ciudad empieza poniendo en su sitio al coche, liberando el 70 % o más del espacio público que hoy ocupa en exclusiva.

Aunque algunos han querido ver en mí a un enemigo del coche, no estoy en contra de él, estoy en contra de su mal uso en la ciudad y a favor de su domesticación.

Cuando los ingenieros, sobre todo anglosajones, han querido hacer ciudades para los coches, han construido autopistas urbanas a varios niveles de altura. Querían asegurar la máxima velocidad evitando las interrupciones en los cruces. Los Ángeles, Houston y otras ciudades son un claro ejemplo. El resultado no puede ser más negativo. Son ciudades con un saco de disfunciones, donde incluso es peligroso ir a pie y es probable que la policía te pare si lo haces.

La Agencia de Ecología Urbana de Barcelona es el centro desde el que se han proyectado las supermanzanas en esta última etapa. ¿Cuál es la trayectoria de esta Agencia?

Sin ella, las supermanzanas nunca hubieran alcanzado la relevancia que tienen. La idea surgió cuando estaba en la Generalitat de Catalunya. Redacté los estatutos y propuse crear un consorcio a la Diputación de Barcelona y al Ayuntamiento y, por arrastre, al Área Metropolitana. La Agencia se fundó el día del Medio Ambiente del año 2000.

1. Ildefonso Cerdà, *Teoría general de la urbanización. Reforma y ensanche de Barcelona*, Barcelona, Instituto de Estudios Fiscales, 1968 [1867].

Poco a poco fue tomando cuerpo hasta alcanzar las cincuenta personas. Los consorciados aportaban un 15 % del total. O sea, que el coste para las tres Administraciones era una cantidad ridícula. La Agencia se creó con la intención de desarrollar el cuerpo teórico metodológico e instrumental que permitiera proyectar la ecología urbana en las ciudades, también en el ámbito internacional. Desarrollaba proyectos estratégicos con valor añadido y una visión innovadora. Rechacé multitud de proyectos que podían realizar consultorías y profesionales privados con una visión más ortodoxa. No quisimos ser competidores de nadie. Creo que fuimos muy coherentes en todos los sentidos. La Agencia ha sido una de las instituciones barcelonesas con prestigio urbanístico en los cinco continentes.

ESPACIO PÚBLICO: LA CASA DE TODOS

En la antigua Roma Julio César decidió que, a ciertas horas, no se podía circular con carruajes dentro de la ciudad. Ya entonces se regulaba el tráfico rodado. Y, sin embargo, pese a las enseñanzas de griegos y romanos, muchos planes modernos parecen obviar problemas como la densidad y el ruido. Citamos a griegos y romanos como referentes, pero luego no les hacemos caso.

Sí, sucede a menudo. Ahora mismo, en Barcelona, se da una situación preocupante: hace unos meses leí en La Contra de *La Vanguardia* una entrevista a un nuevo dirigente de una importante empresa automovilística radicada en Barcelona; decía que quería electrificar la ciudad para que los vehículos pudieran recargarse utilizando el espacio público. O sea, ahora que con la llegada de los coches eléctricos teníamos la posibilidad de limpiar nuestras calles de coches aparcados y desarrollar multitud de usos en ellas, quieren poner cargadores en la calle. Y poco después de que este señor dijera eso, el Ayuntamiento anunció que implantaría dos mil puntos de carga en el espacio público. No sé si hay mucha relación entre los que dirigen ambas entidades, pero la coincidencia sorprende. Sin buscar otras soluciones, que las hay. Eso es muy grave y la sociedad civil debería posicionarse de manera contundente. El espacio público es la «casa de todos», el espacio común que se debe desprivatizar, y ahora tenemos una oportunidad histórica para hacerlo. Si ocupamos otra vez las calles con vehículos eléctricos aparcados implantando infraestructuras destinadas a enchufarlos a la corriente eléctrica, es fácil imaginar que estas van a seguir teniendo usos destinados a los coches de manera permanente. Nos están definiendo, de nuevo, un modelo de espacio público futuro que no va a diferir demasiado del actual, en todo caso lo va a perpetuar. Es un horror pasearse por tantas calles de nuestras ciudades sin «alma», con paisajes visuales y sonoros deprimentes. Los lugares feos y deprimentes se incrustan de manera profunda en nuestro subconsciente y nos amargan la vida. En esta transición hacia una nueva tecnología de automoción, es una tremenda irresponsabilidad no defender el papel principal del espacio público. Es nuestro espacio común, el que nos hace ciudadanos.

Seguir cediendo grandes tramos de espacio público a unos vehículos que ya ocupan la mayor parte de la ciudad no parece una fórmula de progreso.

La movilidad es una función dentro del espacio público, un uso como otros muchos, aunque parezca que sea el exclusivo. Ahora, la mayor parte del espacio público lo dedicamos a los desplazamientos y al aparcamiento, pero ese espacio puede tener infinidad de usos en función de cómo lo diseñemos. Usos que acompañan a los derechos del ciudadano, unos derechos que en este momento no puede ejercer. Es una constante cómo se subvirtieron aspectos de la vida urbana con la llegada del automóvil. Hasta hace bien poco los manuales de transporte decían que los niños eran un «peligro» para la circulación, cuando el verdadero peligro eran los coches, que son los que en un accidente pueden causar hasta la muerte.

El impacto que ha generado el actual modelo de movilidad es de tal magnitud que la mayoría de las ciudades de todo el mundo quiere eliminar este abuso y, hoy, la máxima aspiración de los planificadores salidos de las escuelas de arquitectura e ingeniería es convertir una determinada área urbana en zona peatonal. Llegamos tarde y sin entender el significado profundo del espacio público, sin entender que los ciudadanos somos algo más que personas moviéndose,

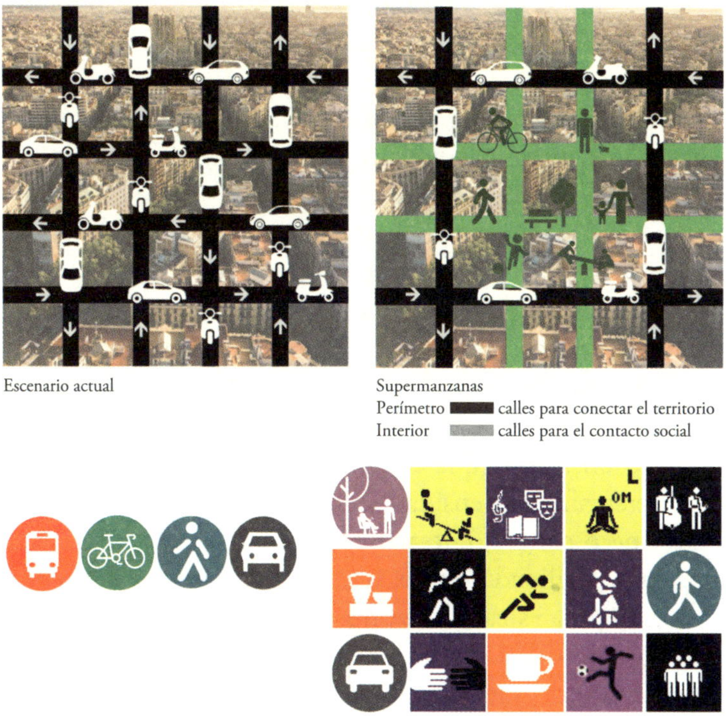

Usos del espacio público en el escenario actual y en el escenario de supermanzanas. Fuente: BCNecologia.

aunque sea a pie. Un peatón es un modo de transporte. Un ciudadano es algo más que un modo de transporte. Un ciudadano lo es cuando en el espacio público puede ejercer sus derechos, entre ellos el derecho al desplazamiento, pero también el derecho al entretenimiento, al juego de los niños, al deporte, a la estancia; el derecho al intercambio, al mercado, a tomar algo en una terraza, a cambiar cromos o monedas, etcétera; el derecho a la cultura y al arte y el derecho a la participación y a la expresión democrática convirtiendo la calle en el ágora moderna. El ejercicio de todos esos derechos nos hace ciudadanos, pues el ciudadano lo es cuando puede ejercerlos en el espacio común, que es el que hace ciudad. El espacio público es la parte más importante de una ciudad, porque es la casa de todos.

Hemos sustituido la palabra ciudadano *por* peatón, *lo que es una señal de nuestras prioridades, de cómo vemos nuestro lugar en el mundo... urbano.*

Ciudadano viene de *ciudad* y la ciudad lo es cuando tenemos ese lugar de encuentro donde también hay conflicto de intereses, donde viene a coincidir todo y toma cuerpo la idea de ciudadano. Luego a este le hemos dado otros significados como agente político que vota o deja de votar, pero el ciudadano lo es porque ocupa la ciudad. Él, no los coches. Para que exista espacio público necesitamos una determinada densidad de personas que lo ocupen, y un número concreto de actividades que ofrezcan los servicios, la posibilidad de trabajar, todo aquello que la organización urbana es capaz de ofrecer. El espacio público es lo más sagrado dentro de la ciudad, y preservarlo es la clave. Cualquier cosa que lo pueda dañar tiene que denunciarse. De hecho, creo que el espacio público da pie a empezar a pensar que la ciudad debería tener derechos.

Acabas de llegar de Nueva Zelanda, que ha dado derechos al río Whanganui. Yo frecuento el delta del Ebro, donde se está abogando por que el río pueda defenderse legalmente como una persona.

Propuse esta posibilidad para la ciudad en 1995 en mi libro *Ecología urbana.*[1] Pero, antes que yo, la propusieron otros, como Parejo, un abogado que planteaba dar derechos a la Naturaleza. Este ámbito de la jurisprudencia me sugirió la idea de traspasar esos derechos a la ciudad, y de forma urgente. Esto nos permitiría llegar a los consensos necesarios para regular aquello que consideremos que deba regularse y no dejar algunas conquistas al albur de gobiernos de a saber qué ideología, a los que de pronto les dé por liquidar lo conseguido.

La urbanista Janette Sadik-Khan comenta justo eso a propósito de sus intervenciones en Manhattan al peatonalizar Times Square o implantar el carril bici. Explica cuánto costó aplicar esas ideas y cómo la transformación fue posible gracias a la apuesta decidida del alcalde Michael Bloomberg. Los cambios han sido muy positivos, pero luego el nuevo alcalde, De Blasio, cuestionó mantener Times Square peatonalizada. Lo que demuestra que no se puede dar nada por conquistado porque un nuevo gobierno puede derrumbar auténticos logros. ¿Crees que dar derechos a la ciudad la blindaría de verdad? ¿Las leyes pueden concederle una capacidad de autodefensa?

Entiendo que, en parte, sí, aunque, como te decía al principio, esto es la ley del péndulo. Todo es dinámico, nada es fijo, pero debemos fijarnos en cómo hemos ido lo-

1. Salvador Rueda, *Ecologia urbana: Barcelona i la seva regió metropolitana com a referents*, Barcelona, Beta, 1995. Se encuentra en www.feut.org

grando conquistas sociales en otros ámbitos. Ahora, el salario mínimo interprofesional se ha decidido por ley. Los derechos sociales que se han alcanzado son fruto de largas luchas. Del mismo modo, tenemos que fijar aquellas piezas que sean claves para definir y defender la ciudad, favoreciendo el bienestar y un desarrollo razonable. ¿Qué quiere decir «razonable»? Ahora que vivimos en situación de alerta con el cambio climático, criterios como el de la eficiencia energética deben estar en el ADN de nuestras ciudades. La contaminación atmosférica: que la ciudad tenga niveles no dañinos para la salud de sus ciudadanos parece razonable, ¿no? En la Roma que comentabas, el ruido era ensordecedor porque iban con carros y chapas metálicas tan estridentes que la gente no podía descansar. En las partes centrales de nuestras ciudades el ruido es también ensordecedor...

La definición de un modelo es clave. Detrás de la supermanzana hay un modelo urbano que la sustenta. No es que sea una seta que aparece en el bosque de la noche a la mañana, no. Surge por la necesidad de abordar los grandes problemas que tenemos sobre la mesa, y uno es el espacio público, su funcionalidad y su habitabilidad. Pero podríamos preguntarnos: ¿por qué hacemos todo esto? Si a la gente le gustan los coches, conducir..., ¿qué sentido tiene cambiarlo? Ahí está la necesidad de comunicar a la ciudadanía que hay una serie de objetivos y prioridades que deben permitir la convivencia y asegurar el futuro. Lamentablemente, los medios de comunicación viven de la publicidad y no hace falta ser muy avispado para saber quiénes son los principales anunciantes y, en consecuencia, quiénes son los que en buena medida definen la línea editorial de los periódicos y demás medios de comunicación en relación con los usos en el espacio público. Se puede observar cómo se entrelazan campañas de comunicación en las que varios medios disparan al unísono contra los gobiernos que proponen cambiar el modelo dando prioridad a los ciudadanos y peatones en detrimento del coche. Deben pensar que el espacio público es suyo. Quieren preservar el modelo actual y para ello tienen a los medios de comunicación, y a los jueces por si algo falla. Naturalmente, el principal objetivo será «tumbar» al gobierno que ose poner en entredicho el *statu quo* en el espacio público. Que la ciudad adquiera derechos no será fácil, pero no por ello deja de ser necesario y urgente.

En las jornadas del Festival LiterNatura en Collserola manifestaste esta misma urgencia de proteger a la ciudad señalando que, en Barcelona, ya estamos en condiciones de poner a las instituciones ante el espejo porque el Ayuntamiento ha aprobado la aplicación del plan de supermanzanas para preservar el medio ambiente, pero sigue sin ejecutarlo pese a haber recibido una investigación científica donde se detalla que, con la aplicación de las 503 supermanzanas calculadas para cubrir toda la ciudad, se podrían evitar 667 muertes anuales. Es decir, el Ayuntamiento no aplica un plan que podría evitar cientos de muertes, además de reducir numerosos casos de asma, estrés, infartos..., y eso supone prevaricar. Quiero decir que, sí, las leyes están ahí, pero los poderes dispuestos a minimizarlas, también, y aunque se consiguiera dar derechos a la ciudad, ¿cambiaría algo?

Creo que sí, y ahí están las luchas por los derechos sociales que nos señalan el camino a seguir. El encuentro en Collserola es un ejemplo efímero pero un ejemplo en cualquier caso.

¿Por dónde empezamos? La ciudad se ha convertido en el terreno de juego para desarrollar negocios. En los primeros años de la democracia el Ayuntamiento de Barcelona reguló la ocupación del espacio público de las terrazas de los bares y restaurantes. La superficie por ocupar era proporcional a la sección de la calle, los muebles eran homologados y debían retirarse de la calle cuando llegaban los primeros fríos. Las normas se fueron relajando a favor de los negocios privados y, sobre todo, después de la promulgación de la ley antitabaco que prohibía fumar en lugares cerrados, las calles se plastificaron y empezaron a aparecer tiendas de campaña, a cuál más grande, que en tantos lugares dejaban un paso minúsculo para los peatones y personas con problemas de movilidad reducida. Un paseo por la ciudad en invierno es un itinerario horrible de jaimas plastificadas con estufas que consumen energía para calentar el aire de Barcelona (en Berlín está prohibido). Un despropósito. En algunos países todo es negocio, pero en otros han sido capaces de regular para que ciertos asuntos básicos no formen parte del negocio. Por ejemplo, la vivienda. ¿Es un bien de uso o es una inversión? Porque cuando se convierte en un bien para sacar tajada, perdemos la idea de vivienda que viene en la Constitución. Si la utilizo para beneficiarme, se expulsa a la gente, aparecen las viviendas turísticas... Eso debe regularse de forma drástica porque, si no, la ciudad se diluye y pierde su alma. Cuando trasladamos la idea de que la ciudad es un lugar para hacer negocios, nos encontramos con que, como tengo que fabricar coches eléctricos y estos dependen de ser alimentados con electricidad, he de disponer de puestos de recarga en el espacio público, y pavimentos superlisos que no dañen mis coches, y aceras lo más pequeñas posibles para aparcarlos... Con esa forma de proceder, los coches ocupan el 60 % del espacio mientras la última encuesta de movilidad indica que realizan solo el 19,9 % de los viajes urbanos. ¿Cómo se atreven a ocupar entonces el 60 % del espacio? Y además tienen un impacto en la salud de los ciudadanos, su presencia mata prematuramente a la gente, le quita años de vida. Si disponemos de un plan aprobado y sabemos el impacto que eso tiene sobre los ciudadanos, ¿quién es el responsable de no ejecutarlo? O la sociedad civil toma cartas en el asunto o esto no tiene remedio.

Porque todo esto está cuantificado.

ISGlobal, la Agencia de Salud Pública de Barcelona, diversas universidades europeas y americanas y la Agencia de Ecología Urbana de Barcelona[1] hicimos un trabajo que demostró que con la implantación de las supermanzanas podríamos evitar 667 muertes prematuras al año al reducir la contaminación atmosférica, el ruido, las temperaturas, al incremento de espacios verdes, etc. Todo está cuantificado. Implantando las 503 supermanzanas en Barcelona, también podríamos evitar 18.700 ataques de asma, 12.100 bronquitis agudas y la entrada en hospitales de 600 personas con problemas cardiovasculares. Eso, cada año. ¡Cada año! Por otra parte, la factura sanitaria y la de la seguridad social de la gente que no puede ir a trabajar fruto del impacto del actual modelo de movilidad se eleva a 1.700 millones de euros anuales. Que podríamos ahorrar. No es comparable lo que nos podríamos ahorrar con la implantación de las supermanzanas con el coste de implantar las 503 supermanzanas con soluciones tácticas...

1. N. Muller, *et al.*, «Changing the Urban Design of Cities for Health. The Superblock Model», *Environmental International*, 134 (2019). Se encuentra en <https://feut.org/wp-content/uploads/2019-MUELLER-N_-RUEDAS-S.-ET-AL-SUPERBLOCKS-AND-PREMATURE-MORTALITY.pdf>.

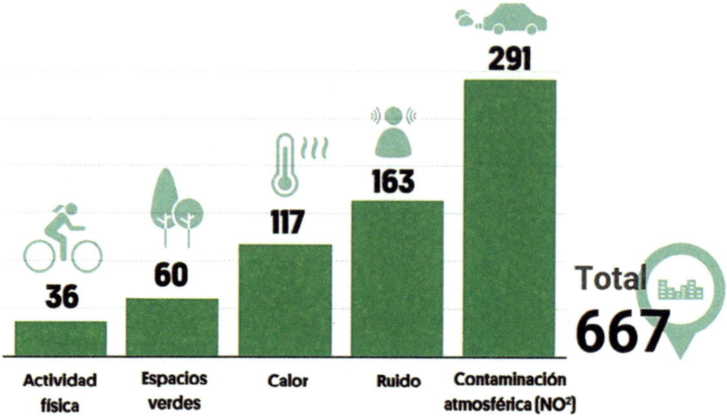

Número de muertes prematuras que se podrían evitar con la implantación del modelo de supermanzanas en Barcelona. Fuente: ISGlobal.

Tú lo has dicho: con soluciones tácticas. No estructurales, que serían mucho más caras.

Las soluciones deben ser necesariamente tácticas por el coste económico, por el ahorro drástico del tiempo para su implantación y, sobre todo, porque resuelven los mismos problemas que las definitivas. Naturalmente, se han de mejorar los diseños urbanos de las soluciones tácticas. Antes de pintar los pavimentos, son necesarios los estudios de color que proyecten una atmósfera de calma y no de agresividad como son los colores amarillos/naranjas, rojos y negros, colores aposemáticos que utiliza la naturaleza para anunciar peligro, colores que usan los animales peligrosos y venenosos como el tigre, las serpientes y las ranas venenosas. A las escuelas de arquitectura y de diseño les pido que se esfuercen en buscar modelos, patrones y soluciones que acerquen la estética de las soluciones tácticas a las soluciones definitivas. En conclusión, las soluciones tácticas son lo que ahora necesitamos. En cualquier caso, reco-

Urbanismo táctico en la calle Consell de Cent y en la calle de San Antonio de Vitoria-Gasteiz. Fuente: Ayuntamiento de Barcelona y Gorka Urtarán.

miendo combinar, cuando se pueda, las soluciones tácticas con las definitivas en cada distrito.

Propones diez años para conseguir las 503 supermanzanas que cubrirían la totalidad de Barcelona, tomando esta ciudad como modelo. ¿Cuál es el problema de no desarrollar las 503? Porque las concibes como una red, unas apoyando a otras para así regenerar la ciudad entera, ¿no? ¿Qué supone no ejecutar integralmente el plan?

El modelo de supermanzanas funcionales se define como una red que se acomoda a la morfología y al viario de cada ciudad. Se pueden ir implementando supermanzanas en distintas partes de la ciudad y no pasa nada, pero si las implantamos todas en un tiempo récord, pongamos diez años, conseguiremos cambiar radicalmente el modelo de movilidad[1] y espacio público,[2] alcanzar los compromi-

1. Cambiar el modelo de movilidad quiere decir cambiar el reparto modal, es decir, el porcentaje de viajes realizados en cada modo de transporte.

2. Cambiar el modelo de espacio público significa modificar los actuales usos del espacio público que hoy están dedicados, casi en exclusiva, a la circulación rodada y al aparcamiento.

sos de mitigación del cambio climático, adaptarnos a este, incrementar la calidad urbana[1] para todos los tejidos urbanos por igual y evitar la gentrificación, reducimos el impacto sobre la salud de la población... Todos los habitantes de la ciudad, no importa donde vivan, tienen el mismo derecho de disfrutar de las mejores condiciones de habitabilidad. Si no las implantamos todas en un tiempo razonable, perdemos el efecto que proporciona la red y, por tanto, el modelo. Implantando la red completa emerge una nueva ciudad que se hace amiga de la gente, la acoge y se reconcilia con el planeta.

Calles Sancho de Ávila y Comte Borrell, transformadas con urbanismo táctico. Fuente: Salvador Rueda.

Hablando de resolución de problemas, Jan Gehl resuelve algunos, pero empleando soluciones tácticas. Y se le cita como gran referente del urbanismo mundial a partir de su defensa de la ciudad que apuesta por la peatonalización, el uso de la bicicleta y la recuperación del espacio público.

Jan Gehl es un maestro que está sirviendo de ejemplo a muchos arquitectos y urbanistas en todo el mundo.

1. La calidad urbana hace mención a la habitabilidad y al paisaje visual, sonoro y social.

Yo tuve la oportunidad de debatir públicamente con él en Bruselas. Le dije que de entrada no veía nada para ir en contra de los diseños que planteaba. Pero con la acupuntura urbana que proponía, ¿cuánto tiempo se necesitaría para cambiar una ciudad? ¿Doscientos años? No los tenemos. El cambio climático, por ejemplo, nos obliga a transformar la ciudad de arriba abajo. Se deben buscar soluciones que, en un tiempo récord, resuelvan los problemas que su acupuntura resolvería en doscientos años, y, bueno, ya veríamos, porque esas soluciones no están inmersas en un modelo. Cuando las pusiera todas juntas, tendría que demostrar, entre otras cosas, la eficiencia metabólica del sistema, la cohesión social..., porque sus soluciones eran parciales y yo proponía un modelo de supermanzanas que se convirtiera en una solución integral en la que luego tú con tu acupuntura u otros con las suyas podáis actuar y el modelo siga funcionando.

¿Qué dijo?

Se calló. Es que no hay más. Es una lógica indiscutible. Hay un elemento que se debe sopesar, y es el tiempo que tenemos: hoy, la ecuación debe incorporar la urgencia, por algo hablamos de emergencia climática y de impacto sobre la salud.

En una de las últimas cumbres por el clima, en Glasgow, la OCDE señaló la supermanzana como el modelo más barato, rápido y eficaz para transformar las grandes ciudades del mundo.

Sí. Fue un reconocimiento importante.

Sabemos que estas cumbres sirven para hacer declaraciones y señalar intenciones, y luego el capital decide. Pero ¿cuál es la diferencia entre los lugares, las personas, las instituciones que aplican supermanzanas y quienes acaban descabalgándose? Porque el reto que propone la supermanzana exige tener las ideas muy claras. La OCDE podrá apoyar la idea en una cumbre mundial, pero luego el nombre que suena por todas partes es el de Jan Gehl, que propone soluciones más fáciles de asumir, y eso contribuye a que despunte como gran referente urbanístico planetario, porque su propuesta se adecúa a ese ánimo de resolver problemas puntuales concretos tan acorde a los tiempos modernos: ejecuta transformaciones acotadas pero llamativas, incluso espectaculares, que sirven para que el político al mando diga: mira lo que hemos cambiado aquí, y ya está. No transforma el conjunto de forma esencial. Es un producto muy bueno para la actualidad que vivimos, que por un precio más o menos barato permite sacar pecho verde sin cambiar las cosas sustancialmente.

Esto es lampedusiano. Es *El Gatopardo*: hacer que parezca que lo cambias todo sin cambiar nada. Es solo un espejismo. No, no, aquí hay que cambiarlo todo sin cambiar nada de verdad.

Es decir, no que lo parezca, sino que lo cambies. No maquillaje, sino transformación.

Exacto. Porque se trata de cambiar el modelo. Con lo táctico, sin un modelo detrás, solo entretienes. Hay muy buenas intenciones, sí, pero, a veces, lo táctico alimenta la inacción de los elementos que deberían impulsar una transformación contundente. Yo propongo transformar las ciudades en un tiempo récord con soluciones tácticas. Por el coste económico y, sobre todo, por el coste temporal. Ahora bien, las soluciones tácticas deben enmarcarse en un modelo que aborde los actuales desafíos.

Con la implantación de las supermanzanas tácticas, igual que con las soluciones definitivas, se rediseña la totalidad de las redes de transporte, la ciudad se hace accesible para todo el mundo y se presta el mismo servicio de transporte a todos sin importar donde vivan; se modifica el modelo de espacio público permitiendo que se cambien los usos y se pueda ejercer la totalidad de los derechos ciudadanos; las variables que nos indican el grado de habitabilidad del espacio público mejoran significativamente: la contaminación atmosférica, el ruido, la temperatura, la mixticidad de usos, la biodiversidad...; se reduce de manera drástica el impacto sobre la salud del actual modelo de movilidad y espacio público; se reduce el consumo de energía, dividiendo por cuatro los actuales consumos dedicados a la movilidad; se reducen las emisiones de gases de efecto invernadero para el año 2030, como mínimo, un 43 %; pondríamos sombra en el 63 % de las calles de Barcelona reduciendo, al menos, dos grados la temperatura; incrementaríamos el número de actividades ligadas a la

Intersección de las calles Parlament y Comte Borrell convertida en plaza con urbanismo táctico. Fuente: Salvador Rueda.

residencia, como mínimo un 15 % por supermanzana... Y todo ello se puede hacer con una inversión que supone el 0,78 % del presupuesto municipal y sin perjudicar la funcionalidad del sistema, es decir, el tráfico vehicular.

Las calles del perímetro de las supermanzanas tendrían unas condiciones ambientales similares a las actuales. No mejorarían como sí lo hacen las del interior de las supermanzanas.

Con una reducción del tráfico del 15 % en la ciudad de Barcelona se consigue que en el perímetro de las supermanzanas el tráfico y la calidad del aire sean similares al escenario de 2015 sin supermanzanas; para alcanzar los objetivos ambientales, en particular los valores límite de contaminación atmosférica, se necesita reducir aún más el tráfico vehicular, hasta llegar al 21 %. De esta manera las calles perimetrales tendrían una calidad ambiental mejor que los residentes que vivían en el escenario sin supermanzanas del año 2015. La última encuesta de movilidad publicada en 2023 revela que la reducción alcanzada con algunas de las medidas del Plan de Movilidad es del 25 %, es decir, se ha superado el objetivo del 21 %. Este porcentaje es una gran noticia: primero porque habiendo superado el 15 % de reducción de tráfico ya se pueden implantar las 503 supermanzanas sin problemas de tráfico y, segundo, porque la contaminación atmosférica ha descendido por debajo de los valores límite admitidos.

¿Cómo se ha reducido ese 25 % si no se han aplicado las supermanzanas?

Un Plan de Movilidad se articula principalmente desarrollando tres medidas. La primera, diseñar e implantar las redes de transporte alternativas al coche privado, es decir, transporte público y bicicletas. En noviembre de 2018,

Transportes Metropolitanos de Barcelona (TMB) finalizó la implantación de la nueva red ortogonal de autobuses mejorando las frecuencias de paso, las velocidades medias y las paradas de autobús. Con la pandemia se incrementó significativamente el número de kilómetros de carril bici y hoy la red de bicicletas está casi construida. La segunda, reducir la superficie dedicada al vehículo privado. La Gran Vía, la Meridiana, la Diagonal, la Via Laietana, los ejes verdes con la calle Consell de Cent al frente, la extensión significativa de los carriles de bicicletas y de autobús... son ejemplos contundentes de reducción de carriles de circulación para el coche. Se ha implementado la zona de bajas emisiones y, aunque el número de vehículos afectados por esta medida es mínimo, no me cabe duda de que su repercusión comunicativa ha llevado a muchos conductores a dejar el coche en casa. La tercera, incrementar el coste del aparcamiento. En Barcelona, en los últimos diez años, el precio por aparcar ha subido entre el 25 % y el 40 %, según las zonas. En Vitoria-Gasteiz realizamos una propuesta de supermanzanas. El incremento que propusimos para el aparcamiento se multiplicó por tres. El modelo de Vitoria consiguió reducir los vehículos en circulación en un 15 %.

Y las supermanzanas, ¿qué papel tienen en este proceso?

En Barcelona, el 21 % de la superficie del viario ya es peatonal. Hoy, con pequeños retoques podemos decir que hay 31 supermanzanas en Barcelona. Parece que las únicas sean las del Ensanche realizadas con el anterior gobierno de la ciudad, pero no es así, la primera supermanzana se construyó en 1993 en el barrio de la Ribera, una zona degradada en aquel momento por el traslado del mercado central de Barcelona del Born a la Zona Franca, lo que hundió el comercio. Con la supermanzana, el barrio se re-

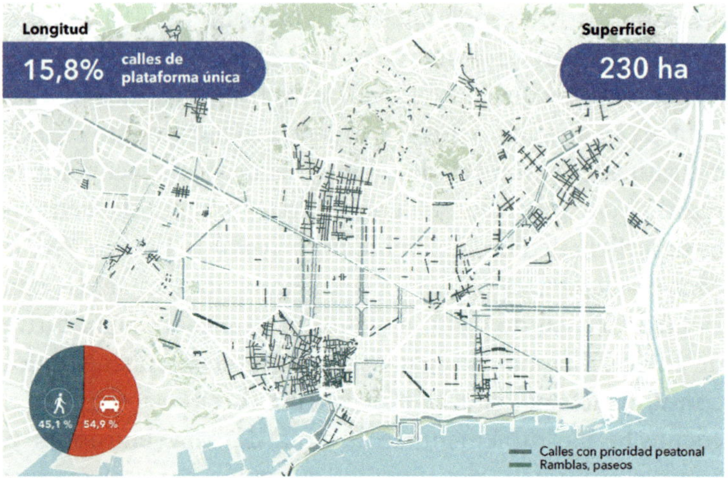

Espacio ciudadano con prioridad para el peatón. Situación actual: 15,8 % de calles de plataforma única con una superficie de 230 ha. Fuente: BCNecologia.

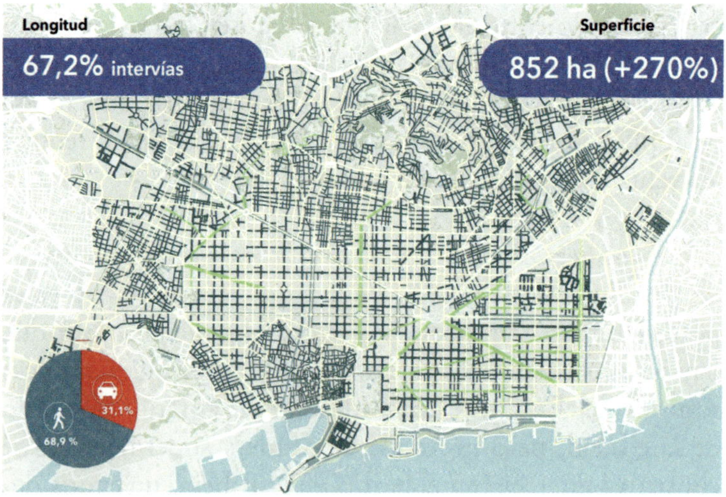

Espacio ciudadano con prioridad para el peatón. Escenario supermanzanas: 67,2 % de calles con plataforma única con una superficie de 852 ha (+270 %). Fuente: BCNecologia.

vitalizó y hoy es de los más atractivos de Barcelona. La iniciativa se ha ido ampliando a diferentes zonas sin llamarlas supermanzanas. La totalidad del Casc Antic, el Gòtic y parte del Raval tiene una estructura definida por supermanzanas. Luego vinieron las de Gràcia, y ahora la práctica totalidad de la Vila de Gràcia está conformada en supermanzanas. Un lugar lleno de vida a todas horas. Más tarde llegaron las tímidas iniciativas de Les Corts, Horta, Poblenou y Sant Antoni.

Llegados a este punto, merece la pena que nos abstraigamos y pensemos cómo podría ser Barcelona si transformáramos 2.500 calles con diseños urbanos parecidos a la calle Consell de Cent o las calles y plazas del Born o de Gràcia. Con la implantación de las 503 supermanzanas el tráfico vehicular podría reducirse a porcentajes cercanos al 10 %, cuando hoy es del 19,9 %. Para ello se tendría que incrementar, además, la conexión en transporte público con la metrópoli y, todavía más, el precio del aparcamiento. Hoy sabemos que el órgano más sensible de la especie humana es el bolsillo. El precio del aparcamiento es definitivo para reducir el tráfico vehicular. Con subidas relativamente pequeñas del precio por aparcar se consiguen reducciones significativas de tráfico, y llega a ser la medida más efectiva de todas.

Si se ha conseguido ese 25 % de reducción de tráfico, las alertas medioambientales en Barcelona habrán disminuido considerablemente.

Son mucho menores. El año 2023 fue el de los registros más bajos de óxidos de nitrógeno en los últimos veinticinco años. Creo recordar que ese año la Agencia de Salud Pública del Ayuntamiento de Barcelona cifró en 26 microgramos por metro cúbico la contaminación media para este contaminante, un 32 % menos que hace un lustro. El límite admisible para los países de la UE es de 40 microgramos por metro cúbico.

Esto evidencia que, a menudo, para mejorar el entorno bastan pocos movimientos. Se vio en Madrid con el río Manzanares. Para su rehabilitación, se planearon tres acciones. Con la primera ya aparecieron nutrias. O sea, bastó un cambio para limpiar de forma radical el agua, porque las nutrias viven en sitios con alta calidad ambiental. Bastó empezar para intuir cuánto se puede cambiar con muy poco.

Solo hay que empezar. Es así. Uno se sorprende. Cuando dirigía los servicios técnicos del Ayuntamiento de Barcelona, para controlar los episodios de alta contaminación atmosférica pusimos en las entradas de la ciudad aparatos que medían las emisiones de los coches. Había que hacerlo de modo individual: se detenía a un coche, con una sonda se medía su nivel de emisiones y, en el caso de que superara lo permitido, el vehículo se retenía unas horas. A lo largo de un día podías revisar unos cuarenta coches, o sea, pocos, pero ¿qué pasaba? Que el efecto comunicativo de que te podían parar hacía que mucha gente no entrara en coche. Naturalmente, ellos no sabían que nuestra capacidad de control estaba limitada a cuarenta coches/día por vía de entrada. Una pequeña acción con un potente mensaje de comunicación puede tener un efecto multiplicativo. Y el hecho de que ahora se discuta tanto sobre estos temas, es perfecto para el modelo de movilidad porque la gente empieza a tomar conciencia de que quizá es mejor no coger el coche.

Porque una objeción que ponían, aún ponen, a las supermanzanas era que iban a perjudicar el tráfico y la ciudad colapsaría.

Pues ya se ha comprobado que rebajar el tráfico un 15 %, o incluso un 25 %, no es un problema. Con la crisis económica, cuando el flujo de vehículos disminuyó un 15 % no sucedió nada, la ciudad funcionaba. Ahora, con una reducción del 25 % funciona mejor. El problema es cultural, y se debe a que nos han martilleado el cerebro durante décadas con mensajes que han permitido que estos artefactos se hayan enseñoreado de la ciudad, la hayan ocupado y parezcan consustanciales a las calles, cuando no lo son. Me gustaría saber el gasto que ha representado en publicidad la venta de coches. No creo que haya un objeto en el mundo con mayor inversión en publicidad. Además, es el artefacto más investigado en la historia de la humanidad. Lo que lleva detrás es tremendo. Es casi normal que la gente no pueda entender la ciudad sin una movilidad en coche. Ante cualquier propuesta de cambiar la sección de una calle sin coches, la inmensa mayoría dice: ¿y los coches por dónde pasarán?

Los primeros experimentos que se hicieron al liberar calles de coches ofrecieron imágenes muy llamativas de personas que continuaban andando por las aceras. Disponían de un enorme espacio nuevo para disfrutar, pero desconfiaban de él.

La calle y las señales también hay que leerlas desde el punto de vista psicológico. El comportamiento humano está muy definido por el hábito de hacer las cosas de una determinada manera. Una raya tiene un sentido de pertenencia. Si la raya es blanca en medio de la calzada sabemos que está delimitando un carril para el coche. El asfalto lo atribuimos a un espacio dedicado a la movilidad rodada. Las aceras las asociamos a las cintas que nos han asignado para deambular a pie. Y no entendemos otra cosa. Es muy difícil asimilar que una calzada puede ser compartida, pero con prioridad para el que va a pie. Por eso fracasó la solución táctica de pintar en la calzada de la calle Consell de Cent de Barcelona un carril por donde la gente podía caminar. Como fracasó en la calle Pelayo. Porque ponía juntos dos usos incompatibles: las aceras y el pavimento. Por mucho colorín que le pongas a un pavimento, la mayoría de la gente no lo va a entender ni a usar como si fuera una acera. Cosa que no sucede en la solución táctica de la supermanzana de Sant Antoni, porque ahí se colocaron elementos para hacer irreconocible la acera. Se diluyó el levantamiento que distingue a la acera de la calzada y parece que sea una plataforma única.

Eliminar las aceras facilita mucho entender que ese otro suelo también pertenece al caminante.

La solución es hacer plataformas únicas, donde el peatón se apropie de la calle. Además, las secciones de calle con plataforma única permiten que ningún lado de la calle se privilegie. Multiplican los contactos a ambos lados de esta y permite que el número de actividades instaladas crezca.

En Consell de Cent se ha pasado de una solución táctica mal interpretada a una estructural, una plataforma única que está funcionando de maravilla, todo el mundo quiere pasear por ahí.

Si es que al final somos como las aves: dales de beber, la posibilidad de esconderse y algo de comida, y las tendrás ahí. Nosotros igual: danos un espacio de calidad, verde, pacificado, accesible y sin riesgos y tendrás a la gente allí.

Calle Consell de Cent transformada en eje pacificado con inclusión de nuevo arbolado y vegetación. Foto: Salvador Rueda.

El problema de esta calle es que, dicen, cuesta diez veces más que otras.

Lo dudo. Pero valga diez o valga veinte, hay que preguntarse cuánto valen las 667 muertes provocadas por la contaminación ambiental cada año y que podríamos evitar implantando las supermanzanas. Incalculable. Cuál es el coste para la sanidad pública y para la seguridad social del actual modelo de movilidad. Yo te lo digo: 1.700 millones de euros cada año. En el caso de aplicar las supermanzanas, hablamos de un coste de mantenimiento añadido de ¿quince millones, de veinte? Muy bien. Yo estoy hablando de ahorrar 1.700 millones de euros. Es que todo depende de con qué lo comparamos. En cualquier caso, la mejora de la calidad urbana y de vida de las intervenciones realizadas en las supermanzanas y los ejes verdes bien vale el incremento que sea necesario para mantener el nuevo espacio público.

También depende de qué números manejamos y de cómo los ofrecemos. Por ejemplo, en Vietnam murieron alrededor de 59.000 estadounidenses en veinte años de conflicto, mientras que, anualmente, en las carreteras estadounidenses mueren unas 40.000 personas. En España no se divulgan demasiados estudios comparativos de este tipo, con referencias útiles para hacernos una idea del impacto del automóvil en nuestras vidas. Cuánto tiempo pasamos viajando. Cuánto gastamos en ellos. En cuántas muertes están implicados. Esto que demuestras con las 667 muertes también se puede comparar con las víctimas por atropello.

Veintidós, veintitrés al año. En cualquier caso, menos de treinta.

Sin contar las lesiones de diverso tipo. Al menos se ha superado la época en la que, cuando había un accidente que involucraba a un automóvil, se sospechaba del transeúnte. Los medios de comunicación trataban al conductor con inusitada indulgencia.

Como decíamos, si yo soy un peligro voy a ingeniármelas para darle la vuelta a la historia y que el peligro seas tú. Ya no se atreven a llegar tan lejos, pero, como dije, en los años cincuenta, sesenta, setenta, los manuales de transporte consideraban al niño y al peatón un peligro.

La supermanzana liquida esa forma de pensar la ciudad. De hecho, propone que los niños dispongan de espacio para moverse y jugar tranquilos. Su presencia subraya la biodiversidad de la que es capaz una célula que cuida de la vida más frágil en su interior, y da valor a las tiendas y las terrazas a pie de calle, y a los espacios que permiten que esos niños caminen vigilados por ojos amigos.

Siempre he buscado que el más vulnerable tenga cabida en las mejores condiciones. Esto también se aprende del mundo de los ecosistemas naturales, de los organismos que necesitan unas condiciones muy determinadas para existir y cuya presencia es un marcador de calidad. Antes comentabas que las nutrias son un buen indicador de la calidad del río y de los bosques de ribera y de la vegetación que acompaña al cuerpo de agua. Con los ecosistemas urbanos es lo mismo. Desde la Agencia de Ecología Urbana de Barcelona, y ahora desde la Fundación Ecología Urbana y Territorial, se ha puesto encima de la mesa a los más vulnerables, por lo que el niño tiene un papel fundamental. Debe tener su espacio y contar con sus derechos.

Has mencionado las actividades comerciales en planta baja. Sobre todo las de uso cotidiano, las farmacias, los comercios de alimentación..., ahora la mayor parte se concentran en supermercados pero, en principio, los ojos de la calle están en las tiendas. Ahí todo el mundo se conoce, se generan vínculos sociales, todo es reconocible, también el que no lo es. En algunos lugares, el hecho de que transite mucha gente hace difícil el reconocimiento, puesto que el individuo se diluye, pero, aun así, los vecinos son reconocibles para las personas que trabajan a ras de calle porque están al tanto de lo que sucede, aunque sea desde el punto de vista egoísta de velar por su negocio. En definitiva, gana todo el mundo, con un añadido que es el del control mutuo. En estas condiciones el miedo desaparece. Cuando hay espacio público la percepción de seguridad se incrementa, y en los espacios urbanizados vacíos y desangelados se reduce. El miedo es una emoción básica instalada en el cerebro reptiliano que tiene una relación limitada con el córtex, el área del cerebro donde se desarrolla el razonamiento. Aunque las estadísticas nos digan que un determinado tejido urbano se puede considerar seguro, basta con que se produzca un crimen, un robo con violencia, una violación o lo que sea y se haya difundido ampliamente, para que la percepción de inseguridad se instale en el imaginario de la población, y el miedo irracional. La existencia de un espacio público con diversidad de servicios y actividades para los residentes es el antídoto contra el miedo y el pegamento para la convivencia.

Que los niños e incluso los adultos jueguen en el espacio público es una clave del modelo de supermanzanas.

Es un aspecto esencial en el cambio de paradigma que pone en el centro de la casa común a las personas y no a los vehículos.

El juego[1] desafía las limitaciones de lo que es conocido, aceptable y práctico, y se puede aplicar a una amplia gama de aspectos de la vida social. El juego se entiende como un modo de exploración y aprendizaje que es crucial para el desarrollo físico, mental y social de los niños.

De entrada, para jugar se ha de tener espacio suficiente. En las condiciones actuales, el espacio próximo a las viviendas no es apropiado para el juego. Con la implantación de las supermanzanas se liberan en Barcelona 6,2 millones de metros cuadrados. El segundo aspecto es jugar de manera segura, sin riesgos. En todas las supermanzanas implementadas hasta ahora, el número de niños que usa la calle como lugar de juego se ha multiplicado

1. M. Amati, O. Stevens y S. Rueda, «Taking Play Seriously in Urban Design: the Evolution of Barcelona's Superblocks», *REV. Space and culture* (2021). Se encuentra en <https://feut.org/wp-content/uploads/2023-RUEDA-S.-AMATI-M.-STEVENS-TAKING-PLAY-SERIOUSLY-IN-URBAN-DESIGN-THE-EVOLUTION-OF-BARCELONA_S-SUPERBLOCKS.pdf>

cuando las velocidades de los vehículos han limitado su velocidad por debajo de los 10 kilómetros por hora. Eso es posible cuando todos los que comparten el espacio público reconocen que los derechos de los niños y las personas vulnerables son prioritarios sobre el resto de los derechos. Aunque es fácil de entender, la realidad demuestra que la forma de razonar de los adultos da prioridad a la movilidad respecto al juego de los niños. En una ocasión reuní a diez de mis colaboradores, gente joven y muy formada, y les dije: vamos a analizar una supermanzana desde el punto de vista de los derechos del niño. Supongamos que unos niños se ponen a jugar al fútbol en medio de la calle colocando sus mochilas como porterías. Mientras juegan, llega un vecino con su coche y tiene que atravesar el campo porque su aparcamiento está más allá. ¿Qué hay que hacer? Todos respondieron: que aparten las mochilas, dejen pasar al coche y vuelvan a jugar. Les dije: entonces el que tiene más derechos es el conductor. ¿No sería mejor establecer unas reglas para equiparar los derechos de todos? Por ejemplo, cuando los niños metieran un gol o la pelota saliera fuera, sería el momento de hacer la maniobra para dejar pasar al coche. Ahí estaríamos igualando los derechos de los niños a jugar y el del conductor a llegar a su destino. Y es que el niño también es un ciudadano, aunque no vote. Al asociar la idea de ciudadano a quienes toman decisiones en la democracia representativa hemos hecho un flaco favor a tantos otros ciudadanos que ocupan el espacio público, aunque no votan. Creo que deberíamos reivindicar los derechos que tiene cada uno y son distintos en función de la edad, las condiciones personales y/o socioeconómicas o las singularidades. El objetivo es que los niños tengan su lugar como deben tenerlo las personas de movilidad reducida, que dispongan de espacios adecuados.

Juego para niños en una supermanzana táctica. Fuente: Amy Oliver.

Otro propósito es que la ciudad sea un lugar donde la gente se relacione de forma armónica. Por eso la urbanista Jane Jacobs imaginó la ciudad ideal como un baile. Años después, Janette Sadik-Khan comparte el ideal pero lo que ve en las calles actuales es un partido de rugby. ¿Tú tienes alguna imagen a la que asociar las calles de tu ciudad?

Al espacio público le doy la máxima importancia, la ciudad no existe si no hay espacio público. Me lo imagino como el corazón de la ciudad, un corazón que late y da vida, el que le da sentido, con un flujo de personas que lo ocupan y que entran y salen de las actividades dibujando una especie de sístole y diástole que fluye y luego se para permitiendo que se desarrollen los usos y los derechos ciudadanos convirtiendo las calles en plazas. Que las calles sean un lugar de encuentro y preserven la funcionalidad del sistema es fundamental. Como lo es que la mayor parte del espacio urbano se dedique al ejercicio de los derechos ciudadanos que ahora con el actual modelo de movilidad no es posible desarrollar. El entretenimiento, la cultura, el arte, el intercambio y el mercado, la calle como ágora son derechos ciudadanos que debemos reivindicar. Es posible si creamos las condiciones. Tenemos espacios para estar, convivir, contactar, y otros para circular, conectar, mantener la organización. Necesitamos equilibrar dos mundos que no son incompatibles. Lugares donde florezca la actividad que nos va a posicionar respecto al resto de las ciudades.

Y esto sería el fundamento de la vida urbana...

En efecto, la vida de una persona es, en síntesis, vida interior y relación. En un extremo nos encontramos a los que viven encerrados en sí mismos y en otro a los que tienen poca vida interior, y ambos viven en el desequilibrio. En medio está la mayoría de las personas. La vida en una casa bien diseñada separa bien los espacios de intimidad y los de relación. Cuando varias personas viven juntas, la mezcla puede ser explosiva si la casa no está bien diseñada. En la ciudad, el equilibrio lo define la dicotomía compresión-descompresión. Necesitamos espacios de «compresión» para mantenerla organizada, funcional y competitiva. A su vez, necesitamos espacios para el relax, para el contacto con la naturaleza, con los otros. Es la «vida urbana», que en cada caso estará más o menos equilibrada. Las supermanzanas buscan el equilibrio en la dicotomía y que, en el espacio público, impere la amalgama de la diversidad viviendo juntos, conviviendo. En la convivencia de los diversos se engendra el sentimiento de pertenencia y de seguridad.

Dos pilares de la calidad de vida.

Cualquier criterio planificador debería tener en cuenta la memoria histórica y la memoria reciente de la ciudad. El colectivo social que ocupa un territorio posee una parte de la memoria de lo que ha sucedido en aquel espacio. Acumula información pero, además, la procesa y proyecta sus expectativas, la pertenencia o el rechazo a este espacio.

La calidad de vida remite a la evaluación de la experiencia que tienen los sujetos de su propia vida en un determinado lugar. No es un acto de razón, sino más bien un sentimiento. Lo que mejor designa la calidad de vida es la calidad de la vivencia que tienen los sujetos de su vida. Cuando se implanta una supermanzana, la mayoría de sus habitantes la aceptan y algunos lo viven con entusiasmo. Otros, por el contrario, se niegan a cambiar sus hábitos y se oponen. En todas las supermanzanas implantadas, al cabo de un año, o año y medio, la mayoría de los que se oponían abrazan el proyecto y asumen el sentido de pertenencia como los que más. El cambio de percepción supone, en este caso, un incremento de la calidad de vida.

A varios modelos anteriores, la ciudad jardín entre ellos, se los describe como paternalistas, autoritarios, porque promueven una forma de vida con poco margen para la disidencia... Se supone que la propuesta de supermanzana apuesta por la mezcla y da al ciudadano más posibilidades y, por lo tanto, más libertad. ¿Sería más democrática?

¿Mejorar la calidad urbana y la calidad de vida es democrático? Supongo que sí, siempre que la mejora llegue por igual a todo el mundo. Las supermanzanas se convierten en un instrumento que potencia la mezcla de rentas, de edades, de etnias, etcétera, tanto en el espacio público como en el territorio de residencia; pero también es un instrumento que busca la equidad entre personas y entre territorios. Por ejemplo, en las ciudades donde hemos implantado la red ortogonal de autobuses se ha visto que proporciona el mismo servicio si vives en el centro o en la periferia. Y tienes, como mínimo, una parada a menos de 300 metros de tu casa. Las frecuencias de paso son las mismas en la periferia que en el centro, y el acceso a la ciudad, uno de los derechos básicos del ciudadano, está garantizado.

¿Qué ciudades podrías destacar en esa vanguardia de ciudades coordinadas, dinámicas, saludables?

Vitoria, Hamburgo... Pero cuando miras algunas partes de esas ciudades al detalle, son desiertos urbanos. Por las proporciones. Pensemos en una paella. Puedes tener todos los ingredientes, pero si no le pones sal quedará sosa y si le pones demasiada no te la podrás comer. Y si le pones una cantidad de arroz desproporcionada y te pasas de cocción, saldrá un engrudo. La ciudad es algo parecido, un cúmulo de proporciones. En Vitoria te encuentras con una ciudad que en los lugares más centrales dispone de un espacio público de cada vez mayor calidad. Pero todo lo nuevo no tiene la densidad ni las proporciones adecuadas y de pronto hay muchos sitios sin nadie, desiertos urbanos. Y es que eso no es espacio público: es espacio urbanizado, algo muy distinto. Le falta tensión. La idea del espacio público debe reflejarse bien. Supón que tienes una molécula de agua. Juntas una a otra y no pasa nada. A otra, y nada. Pero cuando juntas una cantidad determinada, la red que crean genera humedad. En sí misma, la molécula de agua no tiene humedad, la crea la red. En el cerebro, una neurona no es consciente. Dos, no. Tres, no.

Cuatro, no. Pero llega un momento en que una enorme cantidad de neuronas trabajando en red hacen que seas consciente. En ambos ejemplos emerge una propiedad que es más que la suma de las partes. En el espacio público pasa exactamente lo mismo. Tenemos un espacio urbanizado con unas calles, casas unifamiliares..., pero eso no es espacio público. Es espacio urbanizado. El espacio público empieza cuando le vas incorporando población y actividades y movimientos y conexiones que permiten que, en un determinado momento, lo reconozcas como tal. Entonces emerge una propiedad que no tiene el espacio urbanizado. Ahí está. Lo mismo que la humedad o la consciencia.

Muchas ciudades tienen sus espacios de gloria, pero la mayoría se limita a dejarse llevar por el afán de la economía y la competitividad. Lo que propongo se apoya en tener presente primero a las personas, segundo un sistema de proporciones equilibrado, después las leyes de la naturaleza y los ecosistemas no urbanos. Todo está relacionado. La ecuación no se puede mirar solo desde el punto de vista económico.

Suena a utopía.

Puede, pero hemos demostrado que, siguiendo los principios del urbanismo ecosistémico y el modelo de supermanzana, la ciudad no colapsa económicamente. Al contrario, ahorra en infinidad de aspectos. Y su posición competitiva se multiplica porque la nueva economía busca lugares de elevada calidad urbana para instalar a ejecutivos, técnicos de alto nivel, gente que rastrea las mejores condiciones para vivir, así que una ciudad de ese tipo es un lugar más que atractivo para ellos. En la actualidad hay una lucha entre ciudades de todo el mundo por ver quién se lleva el talento. Y el talento llega por diversas vías.

¿Multiplicando el verde alrededor?

También. La supermanzana genera dos capas de verde. Una en altura, en cubierta; otra en superficie. El resultado es una ciudad pacificada. Competitiva. Resiliente. Adaptada al cambio climático. Donde la cultura florece, claro, porque una cosa lleva a otra. Luego hay algunas que han implantado más verde, claro...

Los grandes cambios suelen implicar cambios en el léxico. A partir del debate sobre las supermanzanas, apareció de manera cotidiana la palabra pacificar, *por ejemplo, que antes no se usaba para casi nada, y aún menos para hablar de calles.*

La idea de la pacificación no se la atribuiría a las supermanzanas, viene de antes; en Kassel (Alemania) peatonalizaron varias calles comerciales en 1953 y luego le han seguido otras ciudades.

La propia palabra supermanzana *es un neologismo.*

Lo es. De hecho, hace un tiempo propuse el término *supermançana*, un término que no existe en el diccionario catalán. Lo hice por varios motivos: el primero porque quería incluir una dimensión mayor de un término, este sí, aceptado y acuñado por Cerdà, que es la *mançana*; luego porque quería reivindicar mi origen, pues soy de Lleida y allí a la *poma* («manzana», en catalán) la llamamos *mançana* y, por último, porque es una unidad urbanística que se convierte en el «patrón» de los modelos de espacio público y urbanismo de cualquier ciudad.

SUPERMANZANAS CON OBJETIVOS Y GEOMETRÍA VARIABLES

Queda claro que las supermanzanas no buscan solo favorecer la movilidad. Cada una se presenta con su propia idiosincrasia, intentando cubrir necesidades concretas de la ciudad.

El tipo de supermanzana más conocida es la funcional, que es la base del modelo de movilidad y espacio público. Su definición depende de la morfología y las vías de la ciudad. Luego están las supermanzanas urbanísticas, que son la base del urbanismo ecosistémico. Pueden incluir varias supermanzanas funcionales. Funcionan a partir de 4.000 habitantes con diversidad de rentas.

Y las supermanzanas sociales.

Desde la perspectiva de la gestión, se pueden abrazar varias supermanzanas para conformar una supermanzana social.

Una hipermanzana.

Algo así. Barcelona tenía que construir más de cuarenta residencias de ancianos para acoger todas las demandas de las personas mayores con necesidad, pero no había capacidad inversora ni lugares para construirlas, así que el

Ayuntamiento propuso crear supermanzanas sociales (también denominadas «Vila Veïna»). La media de vida para una persona que entra en una residencia de ancianos es de treinta meses. Una esperanza mínima. Como psicólogo, creo que eso tiene mucho que ver con estar en un lugar donde aquellos que te rodean van desapareciendo de forma paulatina pero ineludible, como campanadas que te van recordando dónde estás. Es muy deprimente. Son lugares que la gente en general no quiere, donde uno se siente abandonado, fuera de la vida, preparándose para morir, y se muere. Son la antesala de la muerte. Si preguntas a los internos dónde les gustaría estar, lo normal es que respondan: en mi casa. Para cubrir la demanda de esas supermanzanas se requiere un equipo de trabajadores sociales que procuren servicio a domicilio durante veinticuatro horas.

¿Cuántos trabajadores?

Depende del número de personas que haya que asistir; no obstante, el equipo mínimo para cubrir las veinticuatro horas es de 10 a 14 trabajadores sociales. En este caso, la persona vive en su casa y, si hay una necesidad, con los servicios telemáticos actuales, te pueden asistir en menos de cinco minutos. Más o menos lo que tardan en una residencia. Eso también te permite salir a la calle, quizás con asistencia, pero salir a un espacio público accesible, renaturalizado, sin ruidos... y contactar con aquellos que conoces de toda la vida. Ir a comprar a tus tiendas, saludar a tus vecinos..., la vida continúa.

Estas supermanzanas sociales pueden extenderse a proyectos con gente joven y adulta en función de las necesidades. En Bogotá, sobre la base de las manzanas del cuidado que lideraba la alcaldesa Claudia López, proyectamos las supermanzanas del cuidado. Dedicadas sobre todo a las personas que cuidan, que suelen ser mujeres. Mujeres que dedican todo su tiempo a cuidar a miembros de su familia. Sin sueldo, claro. En muchas casas de Bogotá ni siquiera tienen lavadora, y con las horas que dedican a esas tareas se les va la vida. No tienen tiempo para ellas mismas, para formarse, trabajar. La supermanzana del cuidado plantea cómo cuidar a las cuidadoras. El municipio crea para las mujeres unos servicios médicos, jurídicos, servicios para la conciliación con monitores que cuidan a los niños, procurando todo lo necesario para el desarrollo de la persona que cuida. Y en los equipamientos ancla se instalan lavadoras industriales donde lavar la ropa para no hacerlo a mano.

Es decir, las supermanzanas se adaptan en función de los objetivos que vayas buscando.

Sí, a través de la idea de fractal,[1] que tiene la virtud de incluir otros fractales, igual que una rama de un árbol (un fractal) contiene otras muchas de tamaño distinto. Proporciona una geometría variable en función de los objetivos que se deseen desarrollar y los medios y la organización para obtenerlos.

1. Los fractales están en la naturaleza por todas partes. Un árbol funciona como un fractal. Una característica es que las partes incorporan los elementos clave del conjunto. Hay una autosimilitud. Cada parte contiene los elementos sustantivos del total del que forma parte. Cada pieza contiene las mismas propiedades que las de la escala superior. La manzana del Plan Cerdà y el sector del Plan Macià se comportaban como fractales de manera similar a las supermanzanas urbanísticas. Salvador Rueda, *La planificación con fractales de la Intervía de Cerdà a la supermanzana del Urbanismo Ecosistémico*, Universidad de Uruguay, 2024. Se encuentra en <https://feut.org/wp-content/uploads/2022-RUEDA-S.-UN-NOU-MODEL-PER-BARCELONA.pdf>.

Desde hace unos años, el día de Sant Jordi se crea una enorme supermanzana para acoger las casetas de los libreros. Es curioso que se emplee el término cuando se impulsan iniciativas que intentan incluir a toda la ciudadanía, pero solo en fin de semana o para algún evento muy singular.

Las supermanzanas funcionales, las supermanzanas sociales, las supermanzanas del cuidado y también las supermanzanas culturales. Se pueden armar supermanzanas con dimensiones distintas.

Otra cosa es el uso oportunista que se hace del término *supermanzana* desde las instituciones. Para ordenar el flujo enorme de personas que acuden al centro de Barcelona por Sant Jordi se les ha ocurrido usar el concepto de supermanzana y han comprobado que les va bien. Montarlo es un quebradero de cabeza cada año. Si las supermanzanas estuvieran implantadas se ahorrarían ese dolor de cabeza, el tráfico circularía por el perímetro sin problemas. Podrían descentralizar el evento en cada distrito y extender la cultura de manera equitativa. El interior de las supermanzanas acoge todos los usos posibles, el cultural también.

EL DINERO

Jane Jacobs comenta que los aluviones de dinero cataclísmico, así lo llama ella, han deformado las ciudades. Se refiere a enormes cantidades de dinero que llegan de repente y se invierten sin calcular sus consecuencias en la ciudad. De todas formas, se supone que urbanistas, arquitectos, políticos, empresarios... deberían haber aprendido de errores pasados y, ante las emergencias y necesidades de las nuevas metrópolis, estarán distribuyendo algo mejor el dinero. ¿O no? Porque, en otros ámbitos, se habla mucho de ahorrar, pero, cuando cae el dinero, a menudo se gasta de inmediato y a la brava. Y aquí aparece una duda de peso: ¿hasta qué punto el urbanista está determinado por el político?

El tema es bastante complejo. De un tiempo a esta parte, las multinacionales han crecido de forma significativa en España. En particular, las que se dedican al mundo inmobiliario y, sobre todo, a las infraestructuras. Son como imanes que se agarran al Estado, extractoras de los recursos estatales y de la Administración en general. Estas grandes empresas con miles de trabajadores y unas ganancias tremendas pretenden crecer cada año, y deben sacar dinero de algún sitio. La principal fuente de dinero les viene por el consumo de hierro y cemento. O sea, que el dinero cataclísmico no puede parar. Si no, se para la economía como ahora la entendemos, y, con ella, los que están a la vanguardia de esta.

Para que ese dinero no deje de fluir, expanden el modelo territorial a lo que se ha llamado ciudad-región, una prolongación de la ciudad más allá de las propias ciudades articulada a través del consumo de suelo, de energía, cemento y hierro, que es lo que hace crecer la economía. Mientras incorporen cemento y hierro a sus proyectos, el PIB sube como la espuma. Necesitan que la manivela continúe rodando para que la ciudad-región se siga expandiendo, y, al final, lo tendremos todo urbanizado. ¿Por dónde empiezan para conseguirlo? Por las infraestructuras. Dentro de las ciudades buena parte de ese dinero cataclísmico ya está invertido. Se han implantado y continúan implantándose infraestructuras y nuevos desarrollos. Hay una legión de gente adscrita a las grandes empresas, bancos, inmobiliarias y aseguradoras que viven de eso.

Entonces dentro de las ciudades ya no hay espacio para mucho dinero cataclísmico más.

No exactamente, pero una parte importante del dinero se ha desplazado al resto del territorio, así que tenemos más autopistas, más infraestructuras... porque se exporta el concepto de lo urbano fuera de la ciudad. La idea es ocupar e impermeabilizar. Otra parte se destina a regenerar áreas urbanas con mayores aprovechamientos, construyendo, por ejemplo, rascacielos donde antes había edificios con cuatro o cinco alturas o menos. En Melbourne están transformando su centro histórico de este modo.

¿Qué quiere decir impermeabilizar?

Matar la vida. Cuando impermeabilizas con asfalto, con cemento, la vida no surge. Hay que ser muy consciente de eso. Tendríamos que analizar cómo utilizamos cada centímetro cuadrado. Debajo de un edificio ya no hay posibilidades de que la vegetación crezca, pero surgen miles de organismos adaptados a esa superficie en forma de cucarachas, chinches, garrapatas, ratas, organismos que se aprovechan de nuestros descuidos y nuestra forma de vivir.

¿Y qué se está ocupando ahora?

Se están ocupando territorios inmensos con placas solares, aerogeneradores, más autopistas, carreteras, tendidos eléctricos... Se trata de seguir moviendo dinero para consumir muchos materiales y energía.

¿Hay forma de al menos moderar esa expansión?

Los del Club de Roma le dieron la vuelta con su propuesta del crecimiento cero. Eso levantó todas las alarmas en los países más capitalistas y, en Acapulco, con motivo de una convención internacional, representantes de Estados Unidos propusieron cambiar el concepto de «crecimiento cero» por el de «desarrollo sostenible». Un oxímoron, porque el desarrollo no es sostenible, tal y como está concebida la forma de crear riqueza basada en el consumo de recursos. Más bien es desarrollo insostenible. Se habla de desarrollo sostenible para confundir, para dar gato por liebre. El desarrollo hoy no se concibe si no es con un crecimiento del PIB, y este está vinculado al consumo de recursos, justo lo contrario del significado inherente al vocablo *sostenibilidad*. Ahora habría una posibilidad de oponer a esta estrategia para competir basada en el consumo de recursos –suelo, materiales y energía–, otra basada en la información y el conocimiento, que nos da la oportunidad de desmaterializar la economía. Es lo único que puede hacer que desarrollo y sostenibilidad se acerquen, una estrategia basada en parámetros determinados por la nueva era digital. Ofrecer servicios desmaterializados.

¿La economía se sostendría?

Mejor que nunca. Yo puedo escuchar música a través de vinilos o cedés o plataformas gracias a Spotify. He cambiado un objeto por un servicio. En el momento en el que desmaterializo empiezo a acercar la idea de desarrollo a la sostenibilidad. Pero ¿qué pasa? Que eso va muy lento.

Otra palabra en boga, aunque nada popular, es reducción. *Después de décadas alimentando el deseo de crecer, de aumentar, ¿cómo se conciencia a la gente para que actúe justo al revés? La supermanzana apuesta claramente por la reducción... de coches. Aunque, por otro lado, podemos hablar de suma, de más calidad del aire, más espacios verdes. El lenguaje resulta decisivo a la hora de estimular cambios.*

La supermanzana es un proyecto de eficiencia en todos los sentidos. De entrada, te permite reducir los impactos contaminantes o, si quieres, te permite aumentar la habitabilidad y la calidad urbanas. Con las supermanzanas se ahorra un tiempo enorme, o, dicho de un modo más positivo, se llega antes...

Y tiempo es dinero, dicen.

Cuánta energía ahorro. Cuántas emisiones ahorro. Cuánto ahorro en salud, porque la gente va a los hospitales con un ataque de asma o con ataques de corazón. Si, por ejemplo, se acaban fijando los parámetros que planteamos con la red ortogonal de autobuses, Barcelona se ahorrará un millón de jornadas laborales. ¿Cuánto vale eso? ¿Qué supone en mejora de la calidad de vida el ahorro de tiempo? Eso es eficiencia. La relación entre el consumo de recursos y la capacidad de aumentar la organización urbana hace que la energía necesaria sea cada vez más pequeña y la organización vaya incrementándose. ¡Ufff!, qué mareo. Como me dijo en una ocasión un arquitecto en jefe del Ayuntamiento de Barcelona cuando le mostré lo que suponía tomar decisiones con multitud de variables integradas: menudo mareo, nosotros levantamos el dedo y decidimos en función de donde sopla el viento.

Reducir *es una palabra que he repetido varias veces durante esta charla, pero, excepto para hablar de automóviles, no es una de tus preferidas. Ahora, por ejemplo, has preferido hablar de* ahorro. *Un término directamente económico. ¿Te incomoda que la supermanzana se asocie a reducir? En un mundo capitalista, promover la reducción desprende un aura de peligro. De pretender dinamitar el sistema.*

Lo que pasa es que cuando uno habla de reducir habla al mismo tiempo de aumentar otras variables. Yo prefiero hablar de ganar horas de calidad de vida. Quiero incorporar la idea de que somos capaces de aumentar la calidad del aire, la calidad urbana, la calidad de vida, los niveles de comunicabilidad, la seguridad de la gente en espacios que ahora tienen riesgo de accidente o de exclusión. Creo que hay que emplear la idea de reducir, pero también hablar de los beneficios. En positivo. Me gusta mucho hablar en positivo. Un discurso más ligado a las expectativas, los sueños, las ilusiones, a lo que deseamos. Yo, cuando sueño, sueño que me gustaría una ciudad maravillosa. No pienso: voy a reducir dos microgramos por metro cúbico el dióxido de nitrógeno. No.

Los urbanistas lleváis poco más de un siglo siendo protagonistas, pensando a fondo las ciudades y proponiendo novedades, medidas y conceptos que antes no existían. El valor de uso es un concepto más bien joven. ¿Cuándo se introducen esos valores que ayudan a repensar las ciudades?

Depende de qué valores hablemos. Es que hay una confrontación de modelos. La Historia la escriben los vencedores. El modelo urbano anglosajón se ha impuesto en todo el mundo. En Nueva Zelanda, la ciudad es un inmenso *sprawl*. En treinta años de democracia en España se ha consumido dos veces y media más suelo para urbanizar que en los dos mil años anteriores con tipologías de vivienda, sobre todo, unifamiliares.

¿Ellos han impuesto el modelo? ¿O es el capitalismo?

Cuando digo «ellos» me refiero al capitalismo. Extender la ciudad es una forma muy sencilla de poner en valor el suelo. Han sustituido la agricultura por plantaciones de edificios unifamiliares. Eso es una máquina de hacer dinero. Por ejemplo, una casa de ese tipo está expuesta a los cuatro vientos, en la que los materiales se deterioran con el aire, la lluvia, el sol implacable... El gasto de agua puede ser cinco veces mayor que el de un apartamento de ciudad. Y con la energía pasa lo mismo, porque se necesitan sistemas activos para llegar a niveles de confort, sea verano o invierno, y la energía se multiplica. Aparte de que, cada vez que sales de casa, no sé, a comprar, pones en marcha la máquina del dinero porque necesitas gasolina para llegar a tu destino. Cada vez. No una vez, no, cada vez. Y los seguros de esas casas son distintos a los de un apartamento, claro. Todo se engrosa en la medida que va creciendo el monstruo y se amplía más allá de los confines de la ciudad. Mientras haya suelo...

El valor de uso que comentábamos no parece una prioridad de este modelo.

Cuando se trata de la vivienda, en algunos lugares de Europa el valor de uso está por encima del valor de inversión, pero, en general, no es así.

¿Qué países hacen políticas de vivienda como valor de uso?

Alemania y Austria. En Austria, más del 40 % de las viviendas son públicas o pseudopúblicas a través de cooperativas, fundaciones, etc., porque la vivienda no es para invertir o para conseguir no se sabe qué. En el momento que utilizas la vivienda como valor de inversión le quitas el alma a la ciudad. Creas procesos de gentrificación impensables hace poco tiempo. Los jóvenes que aspiran a vivir en los mismos lugares en los que han desarrollado sus emociones y su vida se deben ir cuando quieren independizarse. Eso no tiene mucho sentido.

Con la vivienda turística, las cosas se han deteriorado mucho más. En determinados barrios de muchas ciudades el porcentaje de vivienda vacacional puede superar el 50 % del parque inmobiliario. La vivienda turística ha irrumpido como un elefante en una cacharrería expulsando a los nativos porque no pueden competir en régimen de alquiler con sistemas como Airbnb, la empresa hotelera más grande del mundo que no tiene, que yo sepa, ni un solo hotel. Pero subvierte el precio de las cosas aprovechándose del turismo...

... cataclísmico.

Eso, del turismo cataclísmico, jajaja, que permite cobrar cifras astronómicas por tiempos de estancia muy limitados. Contra esos precios no puede competir alguien que necesita mantener a una familia pagando un alquiler sensato.

En España hay un gran problema con la vivienda pública.

Sí, y es muy importante generar viviendas desde lo público o buscar fórmulas que tengan el componente de la vivienda como valor de uso a través de la propia Administración o también de cooperativas, fundaciones, instituciones que permitan tener un parque de vivienda que se acerque al 50 %. En otros lugares se ha demostrado que esto funciona.

Imagínate lo que podríamos conseguir con una política de vivienda de alquiler regulada y liderada por la Administración. Imagínate una ciudad universitaria como La Laguna en Tenerife, que tiene en su periferia varios barrios calificados de vulnerables. ¿Cómo se regeneran? Una de las propuestas que hicimos fue articular un programa de viviendas de alquiler para jóvenes y jóvenes universitarios liderada por el Ayuntamiento en consorcio con el Cabildo y el Gobierno de Canarias. Savia nueva que acaba emparejando a parte de los jóvenes, que se quedan a vivir con mayores rentas y con posibilidad de sostener nuevas actividades y servicios. La regeneración está en marcha si impulsamos nuevas políticas de vivienda como las que desarrolla el Gobierno vasco.

Sobre cómo se subvierte el orden de las cosas, hay ciudades en las que el tráfico rodado impera hasta tal punto que la policía detiene e interroga a las personas que caminan.

Sí, sí, en algunos lugares de Estados Unidos no puedes pasear porque te para la policía. Impresiona, ¿eh?

El viandante es sospechoso.

En Nueva York asistí a la conferencia de un profesor de universidad que mostró carteles encontrados en distintos sitios de la geografía norteamericana donde decía PRO-

HIBIDO EL PASO DE PERSONAS A PIE. ¡Prohibido caminar! No porque las personas pudieran sufrir un accidente, sino porque eran extraños que iban a pasar demasiado tiempo en lugares que en principio no eran los suyos, urbanizaciones donde, con esos letreros, advertían que solo debían entrar los vecinos o que, si querías entrar, debías hacerlo en vehículo y salir volando. Eso no lo había visto nunca. Aunque en ciudades como Buenos Aires hay barrios que tienen garitas de seguridad en espacios públicos donde controlan quién entra y quién sale.

¿Hablas de jardines, de parques? ¿O de la entrada a la ciudad?

No, no, de barrios. Barrios con puertas y gente que las vigila.

Como las murallas antiguas.

En los condominios modernos ya cierran directamente esas puertas. Hay vigilancia armada. La seguridad es un tema muy delicado, porque es una percepción y una percepción no tiene por qué tener razonamientos que la sustenten. Cuando ves una garita, te transmite un mensaje de miedo. Y en cuanto se instala la idea de que un espacio es inseguro, es muy difícil erradicarla. Por eso es básico que las ciudades sean lugares de convivencia. Si no, se convierten en lugares para malvivir, con miedo, donde todo son prevenciones... Ese clima es fruto de la cultura, pero sobre todo de la segregación social hasta extremos exagerados. Y de las diferencias entre grupos según la renta, la etnia... que tienen.

En un mundo que tiende a recuperar las murallas, da la sensación de que la supermanzana no puede prosperar, por-

que propone un espacio de cruce, mientras todo se polariza. Ultraderecha o ultraizquierda. Rico o pobre, porque están fundiendo a las clases medias. Ciudad o campo. La supermanzana propone un mix, algo más biodiverso, pero el momento actual incita a la especialización extrema y, con ella, a la división. En ese contexto puede que la red de supermanzanas esté a un paso de convertirse en realidad pero suena, insisto, a utopía.

No lo dudo. Por eso tenemos que plantearnos las dos tendencias que mueven a las ciudades, y preguntarnos hacia dónde queremos dirigirnos. Por un lado, estaría el modelo Barcelona, donde la percepción de seguridad es muy elevada para los nativos. Hemos llegado ahí gracias al contacto, a que la comunidad tiende a la convivencia y a la conexión de unos con otros. Porque hemos sido capaces de mezclar gente con rentas distintas, edades diferentes, un poco menos en lo que respecta a las etnias porque hasta hace poco vivíamos bastante alejados de esas tendencias integradoras que sí estaban instaladas en otras ciudades del mundo. Pero, en definitiva, la base de la mezcla existe, y la supermanzana acentúa el contacto entre los diversos porque tenemos unos espacios comunes que sentimos como la casa de todos. Porque las supermanzanas multiplican el número de actividades con un montón de ojos vigilantes que disuaden a los amigos de lo ajeno. Las supermanzanas son enemigas de los condominios cerrados.

Y el otro modelo... sería el anglosajón.

Donde impera el individualismo, no lo colectivo. Donde se acentúa la idea de lo mío y solo lo mío. En esos lugares, la convivencia, a menudo, se circunscribe a barbacoas de fin de semana porque necesitan buscar el contacto con los demás detrás de una carne asada. Lo que se ofrece en esas condiciones es bastante ortopédico. Son dos mundos. Uno basado en la socialización y el otro, en el individualismo. La supermanzana, incluso en la situación de individualismo, solo puede incrementar las probabilidades de contacto.

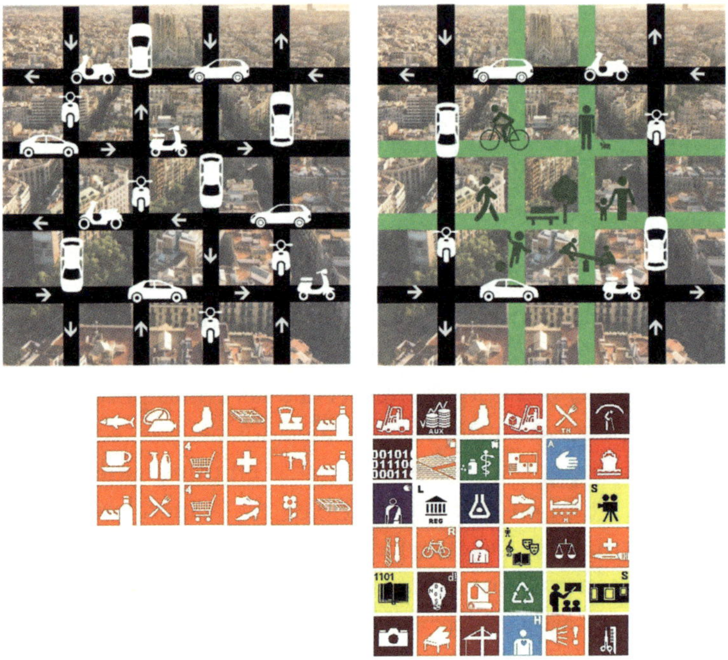

Incremento del número y la diversidad de actividades con la implantación de las supermanzanas que puede superar el 60 %.

Lo que propones es que los mediterráneos recuperen el carácter mediterráneo, e incluso expandirlo.

Lo mismo que el capitalismo ha expandido el modelo anglosajón con todo lo que comporta, hasta provocar una subversión de nuestra cultura. Nosotros, culturalmente, hemos apostado por el espacio público, regulado por ordenanzas. Hemos apostado por la mixticidad de usos con multitud de actividades en planta baja. Una apuesta que con las supermanzanas se potencia aún más. El modelo anglosajón lo ha hecho por las grandes superficies con espacios regulados por un reglamento interno que prohíbe todo lo que no esté relacionado con el consumo: sentarse en el suelo, bailar, hacer fotografías...

Según ese planteamiento, el individuo mediterráneo arquetípico sería bastante antisistema. Es curioso, porque hace veinte, treinta años, la idea de Mediterráneo estaba muy presente en nuestro imaginario. Se aludía constantemente a la filosofía de esta cuenca, había hasta unos Juegos del Mediterráneo..., pero el mar ha desaparecido de las conversaciones, a no ser que se hable de turismo o crisis políticas. Ahora, cuando se menciona al Mediterráneo, no se habla en términos culturales, no se habla de las nuevas Maria del Mar Bonet ni de Alejandría ni de Lampedusa ni de los palacios del Bósforo o Kazantzakis..., ese acervo compartido se ha volatilizado de la conversación. Los atentados del 11-S liquidaron el espacio común, separaron las orillas y, ahora, Occidente ve una orilla como una constante amenaza y la otra como el paraíso del turismo y las crisis del sur europeo.

Son cosas de la geopolítica. En cualquier caso, la cultura mediterránea le lleva unos centenares de años a otras culturas. Pero el tema hoy es saber cuál es la máquina de hacer dinero. Y ha sucedido que esa máquina ha presionado para imponer un modelo contrario a nuestra forma de entender la vida, entre comillas, claro, porque cada vez la entendemos más como los anglosajones. Y es que hemos atravesado una época en la que nos hemos creído que si no tenías una casa unifamiliar con piscina no eras nadie, y sin un coche despampanante, tampoco. El capitalismo abunda en las diferencias ensalzando lo individual para que te pongas a trabajar para conseguir aquello que no tienes, y te azuza a compararte con los demás, aunque sea a nivel difuso, de posición, buscando un interés. A nosotros, que tenemos una gastronomía maravillosa, nos la llegaron a presentar como si fuera el demonio, increíblemente mala y dañina para la salud. Reivindiquemos lo bueno de lo mediterráneo y repensemos la base que ya tenemos para abordar el actual futuro incierto.

¿La gastronomía? ¿Cuándo?

En los sesenta, los setenta. Que si el aceite de oliva era malo, que si la dieta mediterránea era un desastre, que si teníamos que cambiar el aceite de oliva por el de girasol, la mantequilla... y te metían las margarinas. Bueno, un atentado contra la salud. Hasta que llegó esta moda de los grandes chefs, y la mayoría abrazó los productos del mercado de cada lugar, porque el Mediterráneo tiene toda esa cocina ligada al aceite, el pescado, los productos de la huerta..., en fin. Los que invierten escudriñan tu forma de vivir, y la publicidad está para cambiar las tendencias de tu vida. Si uno vive con tres, por qué tiene que vivir con diez. Pero te quieren hacer vivir con diez, así que meten la manivela de la seducción y la manipulación, las técnicas aprendidas durante toda la historia de la publicidad para hacerte creer que si consumes tres eres un don nadie. Hacen que seas algo en función de lo que los demás piensen de ti. Manipulación en estado puro.

Las supermanzanas contra Elon Musk. Contra Stephen Hawking. Contra todos los que afirman que la Tierra está acabada y más vale diseñar cohetes que nos permitan colonizar otros planetas para trasladarse allí... los que puedan hacerlo.

Ostras, menuda comparación. Creo que las supermanzanas no aspiran a tanto. En cualquier caso, reivindican el carácter social de nuestra especie, jugar a favor de las leyes de la naturaleza y de las personas, no del dinero y el capital como motor exclusivo del cambio. Y de culturas que de alguna manera están basadas en valores que nos han llevado adonde nos han llevado, aunque en los últimos tiempos la cosa se esté torciendo.

El ejemplo de los chefs es estupendo para demostrar cómo se puede recuperar la fe en tus valores, tu cultura. Pero también hablabas del peligro de perder el alma de la ciudad. Mira lo que está pasando en Mallorca, en Málaga, en Canarias, en la propia Barcelona, con miles de personas manifestándose contra el turismo desbocado, contra dejar que se escape tu cultura, tu tierra, tu suelo.

Tu alma.

Una consecuencia de este alejamiento de lo elemental en España es que vivimos en una península con dos archipiélagos enormes y, curiosamente, no tenemos una narrativa reciente del agua. Aquí no hay casi literatura sobre el mar ni los ríos. No es descabellado pensar que esto se debe a que nos acercamos al agua desde un punto de vista estrictamente utilitarista, económico. La vemos como algo que exprimir. En ese distanciamiento hemos perdido de vista la naturaleza más elemental, mientras que lo que reivindica la supermanzana es justo incluir la naturaleza, las otras naturalezas, dentro de la partida. Relacionarnos mejor con nuestro entorno no humano. ¿Cómo se recupera eso? Porque mientras la lógica de la salud, de la supervivencia, aconseja aumentar la biodiversidad, la apuesta humana es por una especie única: la nuestra. Si ya cuesta aceptar al otro humano, al otro no humano se le ve como un invasor, no como un colaborador. El agua se ve como dinero, no como un elemento que nos da vida.

El propio impuesto al sol para frenar las energías renovables que se aprobó con el ministro Soria es un ejemplo nefasto de la misma idea. La supermanzana plantea acercarnos a la idea de autosuficiencia en agua, energía y materiales, como sucede en un ecosistema natural equilibrado. De hecho, la supermanzana es el mínimo ecosistema urbano que integra los quince principios del urbanismo ecosistémico. Según ellos, el agua debe tratarse de modo similar a como la tratan los ecosistemas naturales. Si tienes agua, los ecosistemas la aprovechan de manera eficiente, no despilfarran. En los tejidos urbanos, el agua se maltrata porque se busca lo fácil. Ahora, cuando alguien decide gestionar el agua en serio es después de un largo período en el que se ha consumido agua en cantidades tan desorbitadas que ha llevado a restricciones. Entonces interviene el gestor. Una anécdota: yo era director de Medio Ambiente del Ayuntamiento de Barcelona y, entre las competencias, estaba el suministro de agua para la ciudad, así que, de manera reiterada, venían inspectores de la compañía de aguas a reclamarme que estableciéramos una ordenanza donde se prohibieran los depósitos que estaban en cubierta, en azoteas. La razón era higiénica. Argumentaban que venían las palomas a beber y dejaban sus suciedades en los depósitos. Yo les decía, pues que pongan una tapa. Pero eso era lo de menos: querían eliminar los depósitos porque permitían aumentar la presión del agua en los domicilios, y el consumo está directamente relacionado con las presiones. Por otro lado, con el mismo argumento de la higiene, buscaron leyes para que no se hicieran redes separativas.

Una red separativa es la que tiene tuberías diferentes para suministrar agua de distinta calidad. Una puede ser para beber y otra, no sé, para tirar de la cadena, ¿no?

Eso es. Y resulta que entre el 30 % y el 40 % del agua que consume una vivienda es para tirar de la cadena del váter. ¿Qué sentido tiene que te suministre agua de elevada calidad con un proceso que supone una tremenda mochila energética, cuando la voy a contaminar en cuanto tire de la cadena? Ecológicamente es un sinsentido.

Que se resuelve con la red separativa.

Imagina una edificación con un aljibe en el terrado, un depósito donde se pueda acumular toda el agua de lluvia. Y que ese aljibe esté conectado al acuífero. Los acuíferos se han abandonado porque se han contaminado, pero supongamos que iniciamos su regeneración y conectamos el acuífero al aljibe. Con esto, primero recojo agua de lluvia y, segundo, el acuífero se va regenerando hasta sanearse, porque lo utilizo. Y ese depósito facilita un circuito que me representa entre el 30 % y el 40 % del agua que consumo.

Y luego tienes otra cañería con el agua limpia.

Exacto. Bueno, pues los inspectores de sanidad decían que no podía ser, que a ver si alguien iba a conectar el agua marginal con la de beber y se creaba un problema higiénico. ¿Perdone? Pues cambie el color de la cañería para diferenciar una de otra y se acabó. Pero nada, ellos iban a la suya. Y ahora tienes un galimatías normativo que casi impide hacer redes separativas.

Sobre las megaciudades y la forma de enfrentarse urbanísticamente a ellas, en el río de las Perlas chino se expandió la urbanización más rápida de la historia, que sigue creciendo con el propósito, dicen, de crear un engrudo de ciento veinte millones de personas. Cuando pensamos en regenerar ciudades y tenemos millones de personas unidas sumando ciudades autónomas, ¿qué fórmula se puede aplicar? ¿Las supermanzanas podrían intervenir en un monstruo de semejante envergadura?

Pueden intervenir en cualquiera de las realidades urbanas imaginables. Aunque, aplicando los criterios del urbanismo ecosistémico, sería mejor demoler algunas, porque despilfarran suelo, material, energía. El problema de estas megaciudades siempre es la cantidad de disfunciones que provocan a escala global pero también local e, incluso, personal. Preponderan los materiales impermeables, el asfalto y el hormigón, y si los ciudadanos quieren salir de ellas pueden necesitar cuatro o cinco horas. Se rompen las proporciones. Desarrollos de este tipo funcionan sobre todo por aglomeración, engrudo es una buena palabra para definirlos. Y se aglomeran por dos razones: por supervivencia, porque el ámbito rural ha expulsado a miles o millones de personas que deben buscarse la vida; o por economías planificadas que apuestan por la idea de que lo enorme es poderoso: *the big is powerful.* La idea del poder es inmanente a muchos de estos casos. La estrategia para competir está basada en el consumo de recursos.

Recuerdo el artículo en *La Vanguardia* de un famoso arquitecto catalán, Ricardo Bofill, asesor por aquel entonces de un político alcaldable. Ponía en valor la necesidad de que Barcelona fuera poderosa y estuviera en el ranking de los que cortan el bacalao en el mundo. Proponía que la ciudad creciera hasta los doce millones de habitantes. Reivindicaba el afán de ser poderosos sin tener muy claro, creo, lo que eso podía representar. Además, en su análisis señalaba que el tamaño de las ciudades en el mundo occidental determinaba el nivel de influencia que estas ejercían en otros territorios del continente y del planeta. En el mismo artículo señalaba, eso sí, que había centros de formación e investigación que llegaban a tener una influencia similar a la de las grandes megalópolis y citaba a Harvard, el MIT, Yale, etcétera. Pero se quedaba ahí, sin explicar lo que diferenciaba a las dos estrategias, se centraba solo en la del consumo de recursos ligada a lo grande-poderoso. Y ocultaba la estrategia de la información y el conocimiento, totalmente distinta pero que también cortaba el bacalao o más. El poder de esos grandes centros universitarios se retroalimenta, pues forma a los que van a tomar las grandes decisiones, y emitirá informes encargados por aquellos que han pasado por sus aulas, en un proceso de ida y vuelta que define lo que hay que hacer en el mundo. Eso es el poder de influencia en estado puro.

Es fácil pensar en una ciudad extragrande: Nueva York, Pekín, Moscú. Pero ¿qué nombres vienen asociados a la otra estrategia?

Barcelona, por ejemplo. Yo creo que, sin quererlo, las circunstancias la han obligado a buscarse la vida. En su momento, bajo la égida de Pasqual Maragall, hubo cambios con repercusión internacional que hicieron crecer la ciudad y la llevaron a crear una institución más allá del municipio: la Corporación Metropolitana. Una entidad que podía asumir el devenir de más de tres millones de habitantes (el municipio de Barcelona tiene la mitad) constituyéndose en una institución cuyo poder fuera mayor que la suma de las partes. Y ahí es donde el gobierno de Jordi Pujol le paró los pies. Dijo: no, eso es un contrapoder, porque, además de tener a más de la mitad de la población de Cataluña, posee el poder urbano, la potencia de ataque económica, está organizada y tiene la capacidad de canalizar infinidad de flujos. Así que disolvió la entidad. En el otro extremo, el régimen franquista capó a Barcelona.

Madrid ha ido anexionándose municipios y haciéndose inmensa, mientras que Barcelona, también limitada por la geografía, quedaba confinada a una realidad de cien kilómetros cuadrados, de los que una parte sustantiva pertenece a la montaña de Collserola. Barcelona no ha tenido más remedio que reinventarse. Se reinventa continuamente, porque no tiene las palancas que emanan de las estructuras de poder del Estado, y, en lugar de expandirse desde la estrategia de lo grande es poderoso, desde la anexión de territorios, desde la construcción de grandes infraestructuras y el consumo de recursos, se recluye y se convierte en una ciudad en la que prima la información y el conocimiento. Por eso, es la pionera de esta estrategia en España. Yo participé en los trabajos previos que desembocaron en el distrito 22@, éramos cuatro o cinco personas desarrollando la idea de los distritos de innovación. Nos centramos en desmaterializar la economía multiplicando el número de servicios para generar mucho valor añadido e información útil sin consumir recursos naturales. Barcelona tuvo que mirar hacia dentro cuando lo normal del crecimiento es mirar hacia fuera y consumir suelo, materiales y energía. Se tuvo que reinventar y añadir valor a los sectores económicos basados en la información y el conocimiento. Barcelona es la ciudad del diseño en tantos ámbitos, es una ciudad con una elevada densidad de actividades con TIC, es atractora de talento, posee una oferta formativa y de investigación nada desdeñable que atrae a muchos estudiantes de todo el mundo, es una ciudad de ferias y congresos, es reconocida como ciudad respetuosa de la diversidad, y cuenta, sobre todo, con una enorme cantidad de profesionales compitiendo, que impulsan, de forma natural, el talento. Ahora, hemos de ver cómo se consolidan y a qué ritmo lo hacen los procesos iniciados para incrementar la diversidad de actividades densas en conocimiento. En los ecosistemas naturales el incremento de la biodiversidad, es decir, la complejidad natural se adquiere lentamente, y cuando los ritmos no son los adecuados suelen acabar en desastre, en forma de plagas y simplificación. En los sistemas urbanos suele suceder algo similar. Las ciudades europeas creadas durante siglos son ejemplos de complejidad con una elevada mixticidad de usos, los nuevos desarrollos basados en el modelo anglosajón son inmensos suburbios, son desiertos urbanos de una elevada simplificación. Una especie de cáncer territorial.

Por el mismo criterio, en casi cada país debe haber ciudades que acuden a esta estrategia ante la imposibilidad de competir con el centro que acapara recursos y poder.

Este juego está en todos lados. Y todo el mundo está trabajando en distritos innovadores, pero una cosa es trabajar en ello y otra tener éxito.

Barcelona lo está teniendo. ¿Qué otras ciudades?

En Nueva York se crea el Silicon Alley, en contraposición a Silicon Valley. Alley es una zona dentro de Nueva York donde se proponía un distrito que multiplicara las actividades densas en conocimiento muy ligadas a las tecnologías de la información y a la comunicación. Algunas ciudades como Bangalore, Bombay..., en la India están intentando lo mismo... Shenzhen en China, Berlín, Seúl, Singapur... Bueno, no hay ciudad que se precie que no esté trabajando esa idea. Pero hay algunas que lo hacen porque no tienen más remedio, como Barcelona. Si Barcelona hubiera podido, con la Corporación Metropolitana y con las competencias urbanísticas de un área de 32 municipios, seguramente habría ocupado mucho más suelo y hubiera consumido más materiales y energía, siguiendo la tendencia habitual de producir ciudad.

Pero al estar acotada por el mar y la montaña...

¿Vas a hacer autopistas aéreas? ¿O subterráneas, como en Madrid? No se puede.

Los referentes urbanísticos que tenemos responden a una mirada occidental. ¿Hay un urbanismo de otros lugares que consideres interesante? La idea de fractal, de la que hablamos antes, cuadra perfectamente con la forma china de expandir ciudades.

La teoría de los nueve cuadrados la inventaron los chinos en el ámbito rural. La parte central de los nueve cuadrados era la parcela agrícola cuyas ganancias se destinaban al emperador.

Sí, pero hoy, aplicando políticas, digamos, sociales, ¿ese diseño puede funcionar en democracias?

Sí, sí, la idea de los nueve cuadrados es fantástica, y se puede reproducir en cada zona rural de China. Rural y también urbana. Pero yo, como estudioso de las ciudades, no encuentro soluciones mejores que las que se han parido en el Mediterráneo. Nuestras ciudades tienen que adaptarse a los tiempos, de acuerdo, pero el sistema de proporciones está muy acomodado a las dimensiones del ser humano y, en parte, a las leyes de la naturaleza.

EL RUIDO

¿Qué es el ruido?

El ruido es un sonido no deseado. Una manifestación de la energía cuando se disipa. Y está por todos lados, lo invade todo. Es una cuestión clave en el funcionamiento de los ecosistemas humanos y urbanos porque algo que nos distingue del resto de las especies es la capacidad de usar la energía. El ruido posee unas características muy particulares, también el olfato, pero las del ruido apuntan a nuestra capacidad para captar y discriminar los sonidos en un abanico de registros diferentes que nos lleva a definir una escala de carácter logarítmico que normalmente se usa en matemáticas para poder manejar valores de un rango enorme. Son potencias de diez, porque el rango es muy elevado. Aunque no somos capaces de oír lo que otros animales, que pueden oír ultrasonidos, tenemos ese amplio abanico que detecta el mundo exterior con sonidos que nos sirven para prevenirnos o para comunicarnos o, simplemente, solazarnos. Es una capacidad básica de nuestro sistema auditivo conectado con nuestro cerebro reptiliano. Un ruido puede ser muy enervante, muy molesto y generador de irritación, puesto que, cuando el cerebro reptiliano detecta ruido, lo captamos como una agresión. Hoy sabemos que incrementa la presión arterial y en personas con problemas cardiovasculares puede ser el inductor de la muerte. El ruido no deja de ser un indicador importante de la habitabilidad urbana, sobre todo del espacio público.

En la vivienda eso se agudiza más, porque en los lugares de intimidad y de calma se desea que no penetre ningún elemento extraño, sea ruido u olores.

Las supermanzanas empiezan con un mapa de ruidos de la ciudad.

En los años 1985, 1986 y 1987 se diseñó el mapa de ruidos de Barcelona, el primero de una ciudad grande en España. Uno de los estudios que lo acompañaban comprobó que cuando una calle se destinaba al tráfico de paso con más de mil vehículos diarios los valores siempre superaban los límites admisibles. En esas calles para que te entiendan debes gritar. Es normal que por una calle pasen entre nueve y diez mil vehículos al día: la Meridiana, por ejemplo, en aquel momento llevaba más de cien mil coches diarios en doce carriles. Estábamos inmersos en un espacio no habitable que, por lo tanto, generaba irritación, molestias y consecuencias que podían ser graves en función de las características de las personas sometidas a niveles de ruido a menudo por encima de los 75 decibelios. Había que situarse por debajo de los 65 decibelios, porque ese nivel permite mantener una conversación entre dos personas a un metro de distancia sin necesidad de alzar la voz. Los 65 son un valor de comunicabilidad. Cuando se realizó el mapa de ruidos, la ordenanza municipal limitaba el ruido urbano diurno en 55 decibelios, un valor recomendado por la OMS. Pero para alcanzarlo teníamos que parar la ciudad, es un valor propio de un suburbio de casitas unifamiliares, es decir, de un desierto urbano sin vida en la calle. El valor que adoptamos y que incluimos en las nuevas ordenanzas municipales fueron los 65 decibelios. Apostamos por poder comunicarnos en el espacio público. Con todo, para alcanzar los 65 decibelios en la mayor parte de la ciudad había que liberar espacio que en aquel momento acogía flujos vehiculares de más de diez mil vehículos al día.

Por algo se fijará en 55 decibelios. ¿Qué ciudades grandes hay que respeten ese límite?

Ninguna.

Entonces ¿qué sentido tiene fijar unos niveles que ninguna metrópolis puede cumplir?

Como te decía, los 55 decibelios los encuentras en desiertos urbanos, en suburbios, en lugares donde no sucede nada.

Pero ¿por qué se puso esa cifra?

Supongo que los que la propusieron se fijaron en el modelo suburbial anglosajón. Si no, no se entiende. Una ciudad compacta es imposible de gestionar con un límite de 55 decibelios. Nosotros teníamos que buscar un parámetro realista que fijara los niveles de ruido, y ese parámetro fue la comunicabilidad. Que dos personas a un metro de distancia puedan entender nítidamente lo que se dicen una a la otra. Y fijamos los 65 decibelios diurnos.

Para asegurar que los dormitorios que dieran a fachadas con tráfico vehicular tuvieran unos niveles de ruido nocturno adecuados para dormir, fijamos un límite de ruido de 55 decibelios. Aunque el nivel para que una persona duerma sin distorsiones del sueño es de 35 decibelios.

Lejos de los 55.

Sí, pero analizamos el nivel de aislamiento que podíamos obtener con los cerramientos de fachada, y descubrimos que se podía reducir el ruido en 24 decibelios. Por lo que, si a los 55 decibelios le restábamos 24, estábamos por debajo de los 35, que era lo que pretendíamos. La propuesta que fijaba los 65 decibelios diurnos y los 55 nocturnos se aprobó en las ordenanzas. Así que, ahora, durante el día tenemos un valor de comunicabilidad y, por la noche, un valor que asegura un sueño sin distorsiones. Logramos que la ciudad siga funcionando durante el día y descanse por la noche.

La cuestión es cómo se logra bajar todos esos decibelios en la práctica.

El ruido tiene unas características muy especiales. Supongamos un coche que genera un ruido de 65 decibelios. A su lado ponemos otro que produce el mismo ruido, 65. El valor que obtenemos de la suma es de 68 decibelios. Solo se incrementa tres decibelios. O sea que, si vengo de un ruido de 75 decibelios y quiero tener 65, reducir los vehículos a la mitad solo permitirá disminuir el ruido en tres decibelios: 72. Necesitaría restringir el número de coches a prácticamente su no existencia para conseguir los 65 decibelios admisibles. Funciona con una ley del todo o nada. Si tenemos coches circulando como hasta ahora, la ciudad está por encima de los 65. Si queremos situarnos por debajo debemos tener calles de vecinos totalmente pacificadas con menos de mil vehículos al día, que son muy pocos, circulando a velocidades lentas. Ahí está el tema. Las características del ruido te obligan a reducir el máximo de vehículos para alcanzar los niveles que pide la comunicabilidad. Y ahí surgen las supermanzanas para libe-

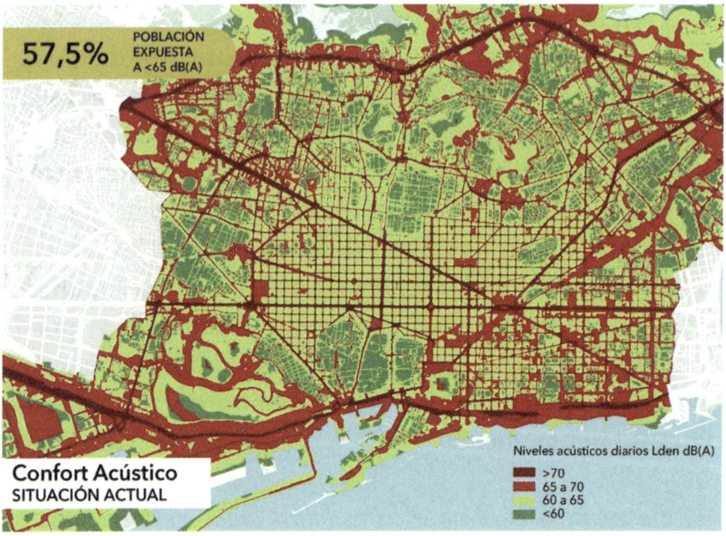

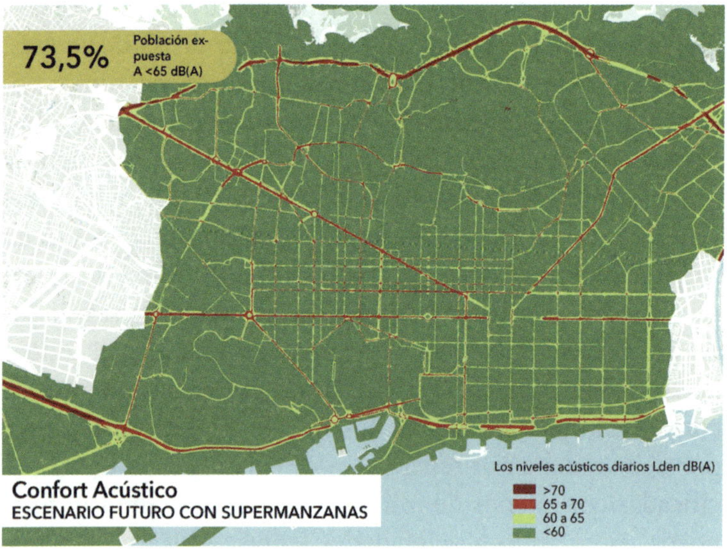

Mapas de ruido diurno (Lden) en Barcelona provocado por el tráfico motorizado, en la situación actual y en un escenario de supermanzanas. Fuente: BCNecologia.

rar la mayor parte de la ciudad sometida al ruido. Se definen unos perímetros por donde circulará el tráfico, y unos interiores. Y descubres que puedes empezar a hacer políticas serias con todo lo ligado al ruido. Para las calles perimetrales que deben asegurar que las mercancías y las personas puedan desplazarse a sus destinos se puede hacer una política de aislamiento de fachadas que no se circunscribe a toda la ciudad, sino solo a las vías perimetrales, para que las personas que vivan en el perímetro puedan alcanzar la comunicabilidad en el interior de sus casas de día y conciliar el sueño por la noche. Esta es la cuestión clave.

Y, antes de aplicar las supermanzanas, ¿estas fachadas perimetrales tienen unos niveles de ruido aceptables?

No. Hay gente que enferma, y mucho. El ruido mata casi como la contaminación atmosférica. Incide en la salud mental y en la presión arterial, y sabemos que está ligado a problemas cardiovasculares y a muertes. Ahora se sabe el impacto que puede generar el ruido a nivel físico y somático pero también a nivel mental. Con la implantación de las supermanzanas en Barcelona podríamos evitar 163 muertes prematuras al año por ruido. El ruido es un gran indicador del funcionamiento de la ciudad. Explica qué está sucediendo, qué hay y qué deja de haber. Si un espacio es un suburbio, si es una ciudad central, si está tratado en términos de pacificación o no, etcétera. Como energía disipada que es, lo atraviesa todo.

Es decir, que con sonómetros podrías deducir el carácter de una ciudad.

Ya no se necesitan. Tenemos tantos datos sobre cómo se manifiesta el ruido según los flujos vehiculares que podemos decir con una precisión bastante exacta qué está sucediendo en cualquier lugar, sin sonómetros, simplemente con simulación. Otra cosa son los focos fijos. Si de pronto aparece un bar musical con las puertas abiertas que pone la música a tope, ahí necesitaremos un sonómetro para determinar el nivel de ruido generado.

La industria del automóvil no simpatiza con reducir el número de coches y, sobre el ruido, argumentará, de hecho ya lo está argumentando, que los vehículos eléctricos son mucho más silenciosos.

El ruido que genera un coche eléctrico es muy similar al de un coche de combustión interna cuando supera los cuarenta kilómetros por hora, porque el ruido que se genera ya no es por el motor, es por la fricción de las ruedas con la superficie de rodadura. Así que eso de que no hacen ruido, será si van a velocidades muy lentas. Otro tema son las motocicletas. En las vías donde se superen los cuarenta kilómetros por hora, el ruido será como si pasaran coches de gasolina o gasoil. Por eso, la propuesta de supermanzanas es reducir la velocidad por debajo de los treinta kilómetros por hora en el perímetro. Así aseguras rebajar el ruido a 65 decibelios incluso durante el día. Todo está medido. No es casualidad que planteemos treinta kilómetros por hora. Esa velocidad nos permite tener un ruido muy reducido, aparte de que el límite de cincuenta kilómetros por hora actual provoca que el número de muertos en caso de accidente sea muy elevado.

¿Qué tipo de accidente?

Vehículo choca contra peatón. Aproximadamente el 80 % de los peatones que son atropellados por un vehículo a cincuenta kilómetros por hora fallecen debido a la gravedad del impacto. Los ensayos para medir los niveles de seguridad de un coche, esos donde ponen a un muñeco de madera dentro del vehículo, se hacen a cuarenta kilómetros por hora. Y mira cómo queda el muñeco. Imagina un vehículo que impacta a cincuenta kilómetros por hora contra un peatón. Lo destroza. A treinta por hora reducimos como mínimo un 40 % el número de accidentes graves y mortales. A treinta por hora, de cada cien accidentes mueren cinco personas.

Si el tema de las velocidades también está ligado al ruido...

A diez kilómetros por hora, velocidad límite en el interior de las supermanzanas, el nivel de rumorosidad de los motores es mínimo. A velocidades lentas es cuando más se oye el motor, pero ahora mismo, con la motorización que poseemos y el nivel de renovación de la flota, casi no distingues un coche de combustión interna de uno eléctrico que circule a diez por hora. A esa velocidad podemos hacer compatibles los derechos ciudadanos con el paso de un vehículo; y que la calle sea un lugar compartido donde la prioridad sea la de las personas ejerciendo sus derechos, entre ellos el de desplazarse a pie. Lo que se está buscando es convertir calles de paso en lugares de encuentro, convertir calles en plazas. Aunque tengan forma longitudinal. Ese cambio solo se puede dar cuando las velocidades permiten compartir el espacio de manera segura. Y ofrece al ciudadano la posibilidad de ejercer los derechos que se le robaron cuando el espacio público se ocupó con un solo uso, el del desplazamiento con artefactos mecánicos.

¿Qué derechos son esos?

En síntesis, cinco: el entretenimiento, la manifestación artística y cultural, el intercambio, el espacio público como ágora y el desplazamiento a pie. Sin prohibir el acceso al coche, solo que todo debe hacerse según las condiciones de habitabilidad que impone la supermanzana. El coche que tiene su destino en el interior de la supermanzana puede entrar, pero a 10 kilómetros por hora, y no puede cruzarla. Un sistema de bucles permite entrar en la supermanzana y salir por detrás de donde se ha entrado. Permite conectar con todas las fachadas, pero no atravesarla de parte a parte, es decir, solo tiene sentido entrar en la supermanzana si tu destino está dentro. Esta simple medida reduce en más de un 95 % el número de coches en el área de la supermanzana. En esas condiciones, la supermanzana se convierte en un espacio calmado donde la calidad del contacto con otros está garantizada. Implementar la totalidad de las supermanzanas en Barcelona supondría incrementar en 2.500 las calles calmadas. O, si se quiere, tendríamos el 70 % del espacio público calmado (6.200.000 metros cuadrados).

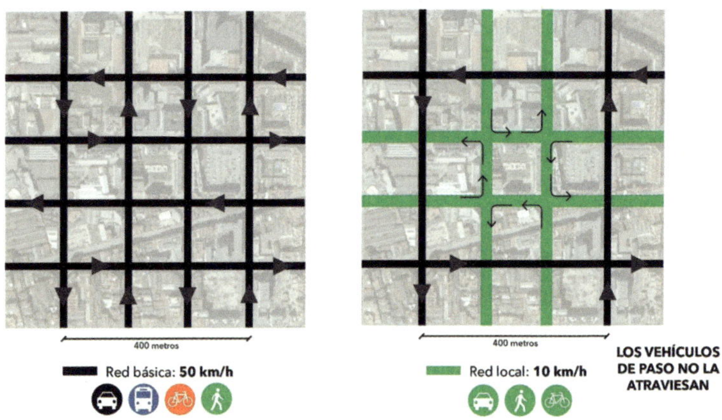

Jerarquía viaria del escenario actual y del escenario con supermanzanas. Las calles interiores (en verde) son calles compartidas de prioridad para el peatón.

¿Las sirenas están contempladas?

Hay una ordenanza por la que se obliga a los conductores de vehículos con sirenas a utilizarlas solo en determinados momentos que sean de auténtica emergencia. En Barcelona ya está bastante regulado. Llevamos aquí una hora y no hemos oído ni una. Yo acabo de llegar de Nápoles, y aquello es un continuo. Además, allí tienen una sirena que va modificando su emisión de ruidos con altos y bajos mientras suena otra sirena constante.

Para conseguir esta comprensión milimétrica de la ciudad, trabajáis con una especie de rastreadores urbanos, personas dedicadas a conseguir los datos más insólitos. Como has dicho, ya ni siquiera es necesario emplear los sonómetros porque casi se puede simular la ciudad entera. Pero ¿cómo se recabaron esos datos en los años ochenta? ¿Es algo parecido a los ornitólogos que están esperando a que pasen las aves para contarlas?

El mapa de ruido de Barcelona se hizo con once mil medidas de diez minutos utilizando sonómetros. Luego se integraban. Aparte de otras medidas de veinticuatro horas que permitieron calibrar las medidas cortas y estudiar tejidos para los que diez minutos no bastaban. Era un mapa de ruidos experimental, con los equipos en busca de información para conformar una base de datos tremenda, porque los ordenadores de entonces eran los Spectrum, y aquello no servía para simular. Del análisis de los datos experimentales aparece la ley del todo o nada del ruido o, también, el nivel de aislamiento de los cerramientos de fachada, etcétera.

Lo hacíais casi a mano, de modo artesanal.

Sí. Cuando los ordenadores ya tuvieron una gran capacidad de cálculo, todas esas medidas sirvieron como elemento de contraste para calibrar las simulaciones que empezamos a hacer en función del flujo de tráfico. Distinguimos desde el ruido que hacen los coches pesados al de los ligeros, el ruido de las vías sin coches..., y juntando todo se hacen las simulaciones. Por lo que la Agencia de Ecología Urbana, que era uno de los centros de cálculo más importantes de la ciudad, permitió fijar los parámetros del escenario ruidoso. Nos dio una vara de medir.

¿Por qué España tiene tantas ciudades ruidosas en comparación con otros países ?

Porque tiene ciudades muy abigarradas. Por sus vías transcurre una gran cantidad de vehículos que provocan un ruido ensordecedor porque pasan por todos lados. Barcelona cuenta con más de seis mil vehículos por kilómetro cuadrado. Conociendo las leyes del ruido, ya está todo dicho. Se dice que las ciudades del norte de Europa son menos ruidosas..., claro, y también, en parte, son desiertos urbanos. Muchas son suburbios, casi urbanizaciones, pero en los lugares donde se concentran las actividades, esas ciudades tienen tanto ruido como las nuestras. Aparte de que, cuando la gente vive desparramada por el territorio, lo que gana en falta de ruido se convierte en mayor consumo de suelo y energía, porque necesitan recorrer más kilómetros para llegar a su destino. El análisis de una ciudad no se puede hacer con un solo parámetro.

El primer paso para disminuir el ruido fue cambiar la red de autobuses.

Para reducir el número de vehículos había que cambiar el modelo de movilidad y tener alternativas de transporte. Había que rediseñar la red de buses y eso lo hicimos en 2002 desde la Agencia de Ecología de Barcelona y se acabó de implantar en 2018. Y hoy Barcelona cuenta con un montón de calles pacificadas, con un ruido admisible, muchas de ellas integradas en el modelo de supermanzanas. Es muy importante tener una aproximación sistémica, integral, holística, que incorpore todas las variables, porque puedes arreglar el tema del ruido pero generar muchos otros problemas. Si con la excusa de disminuir el ruido se decide crear urbanizaciones suburbiales, el remedio será peor que la enfermedad.

La movilidad es otra gran piedra de toque. Una de las principales objeciones a las supermanzanas es que, si vengo de fuera de la ciudad y se me incita a dejar el coche a las puertas, ¿cómo entro sin perder tiempo? Porque, a menudo, a la entrada de las ciudades falta un transporte público de calidad que te permita dejar el coche en casa, o plataformas de aparcamiento capaces de absorber miles de vehículos.

La respuesta es *park and ride.*

Eso, plataformas de park and ride. *Pero, ahora mismo, en esta ciudad que promueve las supermanzanas no hay plataformas ni un transporte público fiable de conexión.*

Jordi Pujol y su gobierno se cargaron el Plan de Metros del Área Metropolitana de Barcelona y apostaron por las autopistas. Este plan como base de la movilidad masiva habría evitado la mitad de los problemas actuales, pero no se hizo. Cuando planteas una propuesta debes preguntarte cómo accederá la gente de fuera de la ciudad a las estaciones para hacer el intercambio, porque de lo contrario entrarán como siempre, en coche. En el gran Londres hay una maravillosa red de ferrocarril y cada estación tiene plazas de aparcamiento para la gente que solo puede llegar a ellas en coche, porque tienen una ciudad muy dispersa. Nosotros tenemos una ciudad densa pero faltan lugares para dejar los coches. Los *park and ride* no han funcionado bien. El que construyeron en Glòries estaba vacío porque, al llegar, la gente sentía que ya estaba en la ciudad y decía, pues, total, por un poco más, sigo hasta mi destino. Y, además, Barcelona es un gruyere, está llena de agujeros para aparcar, así que los que entran confían en que encontrarán algún sitio donde dejar el coche. Lo más importante es disuadir a los conductores de que no entren. La disuasión viene por el coste del aparcamiento.

Pero la opinión pública se te tira encima. Aún más si subes el precio del aparcamiento sin dar un buen servicio de transporte público.

Uno puede planificar, pero luego está la gestión. Yo te doy la receta pero si luego el engranaje no funciona... Cuando las cosas funcionan es porque hay alguien detrás que las hace funcionar.

¿Hay desidia o voluntad de que no se haga?

Si quieres que la red funcione como un reloj, debes poner los medios para que el usuario tenga confianza en el servicio. Y eso empieza por los presupuestos. Parece que esas deficiencias sean premeditadas. De algún modo así es porque cuando asignas los medios presupuestarios, organizativos, etc., estás decidiendo premeditadamente. En cualquier caso, la resultante es que en muchas ciudades todavía hay gente que coge el coche pese a tener una alternativa que podría ser competitiva.

Aun así, los datos os avalan.

Así es. La última encuesta de movilidad acredita que nuestra propuesta mejora la ciudad, incluso sin aplicarse de forma integral.

Y parece que a nadie le ha ido peor.

Parece, jajaja. Aunque algunas cosas podrían ir aún mejor. Por ejemplo, la red ortogonal de autobuses utiliza el 28 % de la flota pero transporta el 60 % de pasajeros. El tema es que TMB no ha hecho todavía el cambio profundo y mantiene líneas que no son de la red ortogonal. ¿Por qué? No lo sé, porque los resultados están garantizados.

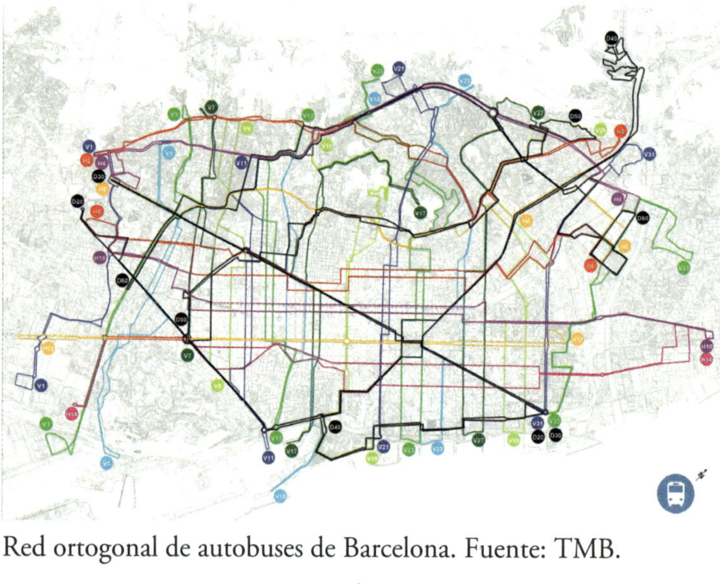

Red ortogonal de autobuses de Barcelona. Fuente: TMB.

¿Solo hay un 28 % de autobuses funcionando en la red ortogonal? ¿El resto aún está fuera del plan?

Exacto. Tal y como está ahora, hay autobuses que recorren parte de las rutas por las que pasan otros sin necesidad.

Nuestra propuesta permite que todo el mundo tenga un bus a menos de 300 metros de donde esté, cubre todo el territorio y no necesita nada más. Pero si tienes otras líneas radiales haciendo partes del recorrido, debes alimentarlas con más autobuses, eso significa que las frecuencias de paso de la red ortogonal, que deberían estar entre los cuatro y los cinco minutos, como un metro en superficie, hoy están alcanzando a siete u ocho minutos. El doble. Con cuatro o cinco minutos, esa red va como un tiro. Porque la espera media en la parada es de dos minutos y está diseñada así porque el reloj mental empieza a contar, y a hacer consciente la espera, a partir de los dos minutos. Antes, es como si no estuvieras esperando. Es como cuando vas a buscar el metro. El metro en día laboral siempre está por debajo de los cuatro minutos de frecuencia de paso. No dices que vas a esperar al metro, dices que vas a coger el metro. La idea de esperar o coger viene determinada por el tiempo de espera. Eso es fundamental, porque, al final, responder a la expectativa y las necesidades humanas es la clave para que las personas confíen en que los servicios funcionan, en que todo está en orden. Como les decía a los responsables de la empresa de transporte, ir por debajo de los cinco minutos es estar en el cielo y por encima de los cinco en el purgatorio. En cuanto a los tiempos de viaje, los situamos por debajo de los treinta y cinco minutos, porque cuando los superas el viaje empieza a ser un sufrimiento y eso te lleva a buscar una alternativa de transporte. Si estás dando un servicio a las personas tienes que saber cuál es el comportamiento humano en relación con el servicio prestado.

¿Cuándo empezó a funcionar el carril bici?

Hace un montón de años. El primer carril segregado se hizo en Marqués de Argentera, un proyecto incluido en la primera supermanzana implantada en el Born. A principios de los noventa la cantidad de kilómetros de carril bici era ridícula. Como coordinador de los programas de revitalización de Ciutat Vella tenía que llevar al plenario del Ayuntamiento un proyecto de mejora de la calidad de vida cada mes. Hice un listado. El primer proyecto fue conseguir la accesibilidad de todo el mundo, en particular la de las personas con movilidad reducida, en las intersecciones, en las esquinas. Me puse en contacto con el Instituto Municipal de Personas con Discapacidad, que llevaba décadas intentándolo. Unos meses antes se había inaugurado la renovación de la Rambla de Catalunya, el mejor ejemplo del famoso modelo Barcelona de aquel tiempo, en el que se incluía el nuevo vado 120 en las esquinas, un vado de granito, perfecto para eliminar las barreras arquitectónicas acera-calzada y que presentaba un diseño magnífico que incluía, además de la rampa, una papelera y un semáforo. Les propuse a los arquitectos del instituto ir juntos a visitarlos. Todo el mundo estuvo de acuerdo en que esta sería la solución ideal para conseguir la accesibilidad en el espacio público de Barcelona. Después de la visita les expliqué el proyecto que quería llevar al plenario. Se redactó la ordenanza para hacer un proyecto similar y en un mes se aprobó. Eran principios de los noventa. Hoy, la práctica totalidad de Barcelona cuenta con el vado 120 en cada esquina. El segundo proyecto era implantar una red de bicicletas como la que habíamos construido en Marqués de Argentera. Me reuní con el comité de la bicicleta que tenía el Ayuntamiento de Barcelona. Antes de explicar el proyecto, pude oír algunas conversaciones en las que a las asociaciones ciudadanas de ciclistas les llamaban «indios» de manera despectiva. Digo yo que sustituían el caballo por la bicicleta. La bicicleta se consideraba por aquel entonces una vuelta al pasado. Cuando les propuse el proyecto que quería llevar al plenario su reacción fue acorde a lo que pensaban. Me di cuenta de que el comité frenaría cualquier iniciativa sobre la bicicleta. Salí dando un portazo y declarándome indio.

Desde principios de los noventa las cosas han cambiado mucho y para bien. Con el Plan de Movilidad, el impulso de implantación de carriles bici se multiplicó y con la pandemia se acabó de rematar. Hoy la red de carriles bici está casi completa.

Red de bicicletas de Barcelona siguiendo el modelo de supermanzanas.

Esa red forma parte de todo un Plan de Movilidad Urbana que pretende...

... implantar redes alternativas al vehículo privado, reducir carriles dedicados al tráfico rodado y un incremento del precio por aparcar.

El conjunto de medidas ha conseguido cambiar el reparto modal y, en consecuencia, el modelo de movilidad.

Los movimientos a pie se han incrementado un 25 % y los viajes en coche se han reducido también en el mismo porcentaje. Creo que hemos dado en el clavo. Ahora se trata de remacharlo. No conozco ciudades del tamaño de Barcelona que hayan conseguido eso. Se ha conseguido en Vitoria y Barcelona, con dos planes que realizó la Agencia de Ecología Urbana de Barcelona. En una ocasión, durante un debate en A Coruña, se discutía sobre los planes de movilidad y nuestra propuesta comparada con otras. Debatí junto a representantes de la sociedad civil gallega. Uno era un señor que representaba al Colegio de Ingenieros de Caminos. Al final de mi intervención dijo: no veo muchas diferencias entre lo que usted está diciendo respecto a otros planes de movilidad. Le respondí: yo creo que sí, y a los hechos me remito. Dígame cuántos modelos de movilidad que usted conoce han conseguido modificar el reparto modal. Cuántos han reducido el porcentaje de vehículos. Cuántas ciudades han cambiado de verdad su funcionamiento gracias a alguno de esos modelos. ¿Me lo dice? No contestó. Se lo voy a decir yo: ninguna. Nosotros ya tenemos una: Vitoria. Es que en aquel momento Vitoria era la única que había implementado el plan de movilidad como lo habíamos planteado, y no pude decir Barcelona porque estábamos en el proceso, no sabíamos los números. Pero ahora ya los tenemos y podemos decir que hay dos ciudades que sí lo han conseguido.

Has tenido oportunidad de desarrollar proyectos de movilidad y espacio público en ciudades fuera de España.

Sí, en unas cuantas. El Banco Interamericano de Desarrollo me contrató para ayudar a establecer los lineamientos estratégicos del Gran Buenos Aires que lideró mi amigo Fredy Garay. Me hospedaron en un hotel del Microcentro, en la calle Esmeralda. Cuando me vi en aquellas calles ennegrecidas por los humos de un tráfico infernal e infinidad de colectivos (autobuses)... Las aceras tenían menos de un metro de ancho, los autobuses pasaban de manera continuada a altas velocidades y daba la sensación de que tenías que pegarte a la pared para que el bus no te golpeara. Era un infierno. Aquello se estaba despoblando a marchas forzadas. El nivel de ruido era..., en fin, que les regalé una propuesta de supermanzanas para el Microcentro, porque no entraba en mi contrato, y una primera propuesta de red ortogonal de autobuses para esa zona. Y, en parte, la aplicaron. Aquello dio lugar a lo que se llamó Plan Prioridad Peatón, y ahora el Microcentro es una zona con prioridad para el peatón a la que han vuelto los habitantes y hay quien desea vivir en ese lugar porque se ha modificado sustantivamente la habitabilidad del tejido urbano. Mi intuición es que Macri sube a la presidencia, en parte, porque impulsa la peatonalización del Microcentro y propicia el Metrobús. Una anécdota: yo estaba en Buenos Aires dando un seminario a los técnicos y directivos del Ayuntamiento sobre estos temas, y a primera hora de una mañana, hacia las ocho, nos subimos en una camioneta-microbús con parte de los técnicos y directivos de la municipalidad, entre ellos el director Jorge Sábato y el concejal de Urbanismo, Daniel Chain. Íbamos a ver el inicio de las obras en la calle Reconquista, la primera que se pacificó en el Plan Prioridad Peatón, donde había un lío de tráfico no pequeño. Entonces, Chain recibió una llamada del alcalde, que necesitaba saber la gravedad del asunto. Fue una llamada bastante... contundente... Pedía explicaciones al concejal y Chain contestó de manera muy comedida, en forma y contenido, diciéndole que se calmara y esperara a los resultados. La transformación fue un éxito. Y se extendió. Pero la primera reacción fue «echa esto para atrás».

Las obras suelen dar repelús, provocan malos humores..., parece que en los mandatarios también.

Me gustó el temple de este hombre, su capacidad para contraargumentar con contenido y con un elemento que es difícil de encontrar hoy: espera y veamos. La espera está muy ligada a procesos de transformación urbana y eso explica que no se haga casi nada porque a menudo no hay paciencia y el proyecto se frena a las primeras de cambio.

Tuviste una reunión con cientos de alcaldes argentinos. ¿Fue después de este proyecto?

Fue porque Macri, siendo ya presidente del gobierno, hizo una convención con todos los intendentes de Argentina y me dio la oportunidad de explicar las supermanzanas en ese foro.

¿Cuánta gente acudió?

Cerca de mil personas.

¿Y en qué quedó el encuentro?

El nuevo alcalde de Buenos Aires, Larreta, se hizo eco y hubo un primer proceso para implantar una supermanzana entre las avenidas 9 de Julio y Corrientes, las calles Uruguay y Córdoba. Uno de los frentes patrimoniales de la 9 de Julio es el Teatro Colón, y detrás están los juzgados, en una plaza que concentraba en superficie los aparcamientos para los jueces y el personal del juzgado, mientras que abajo tenían uno subterráneo vacío. Se planteó que los coches aparcaran en este último. Así se hizo y la plaza se convirtió en una primera parte de la supermanzana diseñada. Para rematarla debíamos abordar otros cambios. Teníamos el problema de los colectivos que cruzaban el área. Hablamos de desplazar los autobuses hacia las vías básicas: Córdoba, Corrientes y 9 de Julio. Alguien dijo que Córdoba ya iba muy saturada de colectivos y que no admitía más líneas. Pero eso mostraba que había una gran redundancia de líneas, lo que se solucionaba rediseñando la red de transporte. Les expliqué que el rediseño que habíamos hecho de la red de transporte público de Quito nos había permitido reducir la flota de autobuses redundantes en más de 900 colectivos y, además, creábamos una red mucho más eficiente con frecuencias de cinco minutos en todo el valle central de Quito (40 km de largo por 6 km de ancho). Es lo que hicimos también en Barcelona (pasamos de 84 líneas a 28) y en Vitoria (de 18 líneas a 7). Es lo que se está haciendo en el centro ampliado

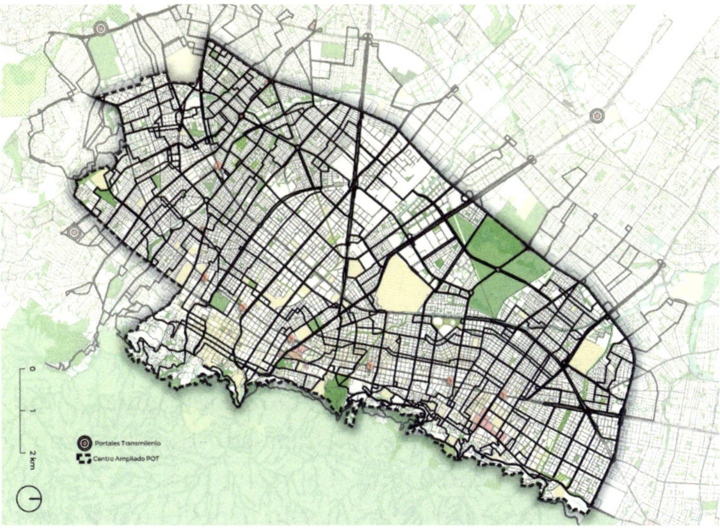

Propuesta de nueva red ortogonal de autobuses para el centro ampliado de Bogotá que define el perímetro de las supermanzanas.

de Bogotá. Ahí están circulando 309 líneas para cubrir una superficie donde, con una red de 49, se daría un mejor servicio. Pasar de 309 a 49 es mucho, ¿eh? Pues se debe al rediseño de las redes radiales para transformarlas en ortogonales y, a veces, en una combinación. Pero Buenos Aires se quedó ahí, sin cambios.

¿Esto tiene que ver con que buena parte de la red de autobuses es de propiedad privada?

En Latinoamérica, la mayor parte del transporte público es privado y funciona por concesiones que otorga la Administración. Es un transporte subvencionado. Si no, no podría funcionar. El gobierno puede redefinir las redes porque las subvenciona de forma significativa y porque el espacio público es de competencia municipal. En consecuencia, no hay ninguna justificación para no rediseñar. Pero es que en muchos casos el sistema funciona en plan «espabila y busca tu propia demanda», así que los conductores generan sus propios itinerarios, y van a pescar al pasajero. En Quito, el número de accidentes es tremendo porque los buses se adelantan entre ellos para pillar a los pasajeros que han visto esperando en cualquier punto. En muchas ocasiones no los recogen ni en una parada, los cogen al vuelo, incluso en marcha. Un despropósito.

¿Y Quito aplicó el plan?

No. Este proyecto se hizo con fondos del Banco Mundial. Entre sus objetivos figuraba compaginar el funcionamiento del metro que se estaba construyendo con la red de buses que rediseñamos. La mayor parte de los individuos de Quito tenían un trasbordo para llegar a su destino. El coste del billete era de 25 céntimos de dólar, así que la mayor parte de los usuarios pagaba cincuenta céntimos, por el trasbordo. Hicimos los cálculos para que el billete, en lugar de 25 céntimos, costara 50, que finalmente era lo que estaba pagando la mayoría. O sea, podías hacer todos los transbordos que quisieras durante dos horas. E incorporábamos al metro en los transbordos. Sin la integración tarifaria el precio del billete del metro sería 75 céntimos, un coste demasiado oneroso para muchos quiteños. Con el billete a 50 céntimos, todo funcionaba. Me reuní con los concesionarios y estuvieron de acuerdo. Cuando parecía que el plan salía adelante, destituyeron al secretario de Movilidad y todo se paralizó. O sea, un elemento extemporáneo, que no tenía nada que ver con la bondad de la propuesta y los beneficios que iba a generar, bloqueó la transformación.

¿Por qué en Bogotá sí parece que hay posibilidades de desarrollarlo?

Es probable, ya veremos. Es un tema de personas. Puedes planear algo muy sesudo y al detalle, con conocimientos técnicos y prácticos, pero en muchas ocasiones eso queda en segundo plano. La clave está en el ámbito de la toma de decisiones, y ahí hay una cantidad de componentes desconocidos que hace que algunas cosas salgan y la mayoría no. ¿Las razones? No sé. Pueden ser peregrinas.

¿Qué ciudades tienen redes ortogonales?

Vitoria y Barcelona.

Digo mundialmente.

La mayoría de las redes de transporte en el mundo son radiales, no ortogonales. Van de la periferia al centro dibujando un abanico o varios. Hay algunas que por su morfología tendrían más facilidad para implementarse, como Manhattan o la misma Buenos Aires. En las ciudades en las que hemos rediseñado la red de transporte público para que pase de una red radial a una ortogonal, los indicadores de la nueva red son significativamente mejores. Por ejemplo, Bogotá, como decíamos tiene 309 líneas. Nuestra propuesta es de 49 líneas sin redundancias, pero con frecuencias de tres minutos. Como un metro. Se ganan 125 millones de horas al año, 15 millones de jornadas laborales.

Se dispara la productividad del país.

No hacerlo es una sangría económica.

TECNOLOGÍA

Hay un gran protagonista del que solo hemos hablado como descarte o como el malvado de esta historia: el coche. Aunque en menos cantidad, su protagonismo continuaría siendo grande en una ciudad llena de supermanzanas. Y las nuevas tecnologías van a determinar el uso que se haga de él, sobre todo, en centros urbanos. La puesta en marcha del coche eléctrico autónomo requerirá una tecnología 5G que no sabemos si se podrá alcanzar.

Los artefactos con ruedas son un invento de la humanidad desde hace mucho tiempo. Incluso uno se extraña de cómo se tardó tanto en poner ruedas a las maletas, un invento de uso masivo pero bastante reciente. En el futuro, el vehículo cambiará el escenario de movilidad actual por diversos motivos. Primero, por la tecnología. Asistimos al final de la era de los combustibles fósiles y se necesita buscar otras fuentes de energía. Nuestras sociedades estarán alimentadas con energía eléctrica, todo se electrificará, no solo los coches, y hay que preguntarse por el papel que tendrá el vehículo eléctrico en la ciudad. Mientras el régimen de propiedad sea individual y cada familia o persona pueda tener un coche privado, es decir, mientras el coche no funcione como servicio sino que sea una propiedad, habrá un problema de aparcamiento. Ahora tenemos una ocasión única de limpiar coches de nuestras calles para que el espacio público pueda ofrecer las funciones y los usos que debería haber otorgado siempre pero que se eliminaron para potenciar la circulación del vehículo y su aparcamiento. El cambio de tecnología permitirá aparcar el vehículo eléctrico fuera del espacio público. Por eso hay que pensar bien dónde lo vamos a enchufar. Porque eso será muy difícil revertirlo más adelante. Lo importante es crear espacios electrificados para cargar sin ocupar espacio público.

¿Aparcamientos subterráneos?

Normalmente, sí, pero también en superficie. El subsuelo de nuestras ciudades se asemeja a un queso con agujeros que simplemente se han de electrificar. Donde no haya aparcamientos subterráneos propongo construir aparcamientos ligeros tipo mecano para sacar los coches de la calle. Ahí, en espacios relativamente reducidos, se pueden aparcar un montón de coches. Lo más importante es que los políticos y gestores se convenzan de que es una barbaridad poner puntos de carga en el espacio público.

Además, esos aparcamientos pueden convertirse en acumuladores de energía en una futura *smart grid* (red inteligente de energía). Los mecanos pueden actuar como baterías capaces de acumular energía para cederla en determinados momentos cuando y donde se necesite.

Cuando lleguen los vehículos autónomos, la mayor parte de los aparcamientos ya no tendrá sentido. Creo que van a entrar por la vía de la movilidad como servicio, y no como tenencia privada de automóviles. Igual que existe Spotify para ofrecernos toda la música, tendremos artefactos autónomos que irán transportando a la gente en función de sus necesidades. Deberían estar ligados al transporte público de alta capacidad. El vehículo autónomo va a ser la primera implantación masiva de robots. Lo que pasa es que estos robots no nos dan miedo porque tienen una forma familiar y cuatro ruedas, nos fiamos de su aspecto. Pero serán robots.

Los coches autónomos pueden desempeñar un papel fundamental para determinados servicios en las supermanzanas, que pueden ser unidades básicas para este tipo de transporte.

¿A partir de cuándo?

Depende de la fiabilidad de las redes de internet, de si permiten que la información sea instantánea, segura, en fracciones de segundo, puesto que se juegan la vida tanto los que están dentro como los de fuera. En el momento en que se tengan plataformas de transmisión de datos fiables, el vehículo autónomo será una realidad que contará con distintas dificultades de carácter ético, pero, vaya, las mismas que ahora se afrontan en otros ámbitos, como cuando se pone precio a la muerte de una persona.

¿Qué quieres decir?

Pues, en una situación de accidente inevitable, ¿a quién mata el coche?, ¿a una persona joven o a una persona mayor? Porque, en principio, el propio robot reconocerá lo que tiene delante y tomará decisiones en función de la información del algoritmo. Es un tema ético que ya se debate a todos los niveles: jurídico, tecnológico, técnico, empresarial. Está en un proceso de maduración. Fíjate lo que sucedió con la pandemia. Algunos dirigentes decidieron que los ancianos no iban a los hospitales, y se murieron la mayoría de los que enfermaron.

En cualquier caso, todo esto requiere muchísima energía, dirección satelital..., supondrá un gasto enorme. Ahí surge otro debate ético: hasta qué punto compensa el esfuerzo de impulsar ese tipo de ciudad. ¿Y hasta qué punto el ahorro en los daños asociados a los combustibles fósiles justificará el gasto en otras energías?

La energía necesaria para el funcionamiento de la inteligencia artificial y del sistema global de los coches autónomos es enorme. No se habla mucho, pero creo que la energía se va a convertir en un factor limitante del proceso de implantación de estas nuevas tecnologías. Es tal la cantidad de energía, de agua y de otros recursos naturales necesarios para la implantación masiva del nuevo escenario de movilidad que creo que sería prudente y razonable tenerlo en cuenta antes de seguir adelante.

Otra cosa es el vehículo eléctrico, que puede suponer una reducción de energía cuatro veces mayor de lo que representan los de combustión interna. Pero, en cualquier caso, necesita energía. Que el modelo de movilidad se continúe sustentando en vehículos de propiedad privada con un uso similar al actual va a generar consumos con impactos enormes y consumos de espacio inadmisibles. Es importante que la mayor parte de los desplazamientos se haga con un transporte público masivo que dibuje una red con nodos. Luego, el coche autónomo permitirá la conexión con cualquier parte del territorio. Se trata de racionalizar el sistema.

Cuando hablas de conectar cualquier parte del territorio, ¿te refieres a territorio urbano o a cualquier lugar más allá de las ciudades?

A todo.

¿Y la gente va a aceptar prescindir del coche privado para salir cuando quiera de la ciudad? ¿Cómo concienciasa tu sociedad de prescindir de su propio coche?

Dependerá del servicio que te ofrezcan.

Será compartido.

Claro. El coche autónomo será compartido. Es absurdo que sea de propiedad privada. La flexibilidad y la autonomía que tiene debe permitir llegar al confín que necesites, y, en el 99 % de los casos, debe ligarse a un transporte masivo de calidad. No sé, yo voy a Madrid en tren y no se me ocurre ir en coche. ¿Podría ir? Sí, pero hay poca gente que lo haga: ¿por qué vas a emplear seis horas de viaje cuando puedes hacerlo en dos y media?

El AVE ofrece un plus de velocidad pero con el coche ese plus no existe, y sí la dependencia de otros. No tienes la misma libertad.

Vas a tener la disponibilidad, solo que habrá que programar más que ahora. Ya lo estamos haciendo con el coche compartido. El preludio del coche autónomo es el compartido. Solo que el compartido, el Uber, el Cabify, ahora va con conductor, pero en realidad ya existe. El coche autónomo será lo mismo pero sin conductor. En ciudades latinoamericanas como Bogotá, Buenos Aires y otras que tienen ciertas dificultades para usar taxi porque hay mucha inseguridad, la gente utiliza muchísimo Uber y Cabify con conductor: coches compartidos que te recogen donde quieras.

Se comenta que el futuro de la humanidad depende de la investigación de las baterías de iones de litio necesarias para alimentar ese gran cambio. ¿Lo compartes?

Los combustibles fósiles están en su final de etapa, es así. Se está buscando cómo acumular energía y ajustar la oferta y la demanda. Una opción sería el hidrógeno verde, que es un gran acumulador de energía, pero hay dos hándicaps: uno, que la hidrólisis del agua tiene un alto coste energético, y otro, que el hidrógeno es la molécula más pequeña de la tabla periódica, y se mete en las estructuras metálicas corroyéndolas. Si se pudiera acudir al hidrógeno...

Pero no se puede.

Se están buscando soluciones.

También se intenta que las baterías de litio sean lo más pequeñas posibles, uno de sus problemas es la magnitud. En cuanto al hidrógeno...

Europa ha hecho una apuesta muy grande por el hidrógeno verde, pero por ahora no está dando muchos resultados. El problema del litio es que es un material muy escaso. Estamos en las mismas. Diría que la transición de combustibles fósiles a otras formas de energía es muy importante pero aún lo es más la entropía que generamos cuando usamos la energía, porque energía hay toda la que queramos.

Solo hay que saber capturarla, administrarla.

El universo es energía en estado puro, ya lo demostró Albert Einstein con su famosa fórmula.

En muchas películas las soluciones siempre llegan un segundo antes del colapso, pero por lo que estás diciendo...

Todo está en proceso de investigación. Igual mañana aparece una solución. Hay tecnologías que en la década de 2030 estarán maduras, como las relacionadas con la energía eólica flotante. Si es así, hay mucha energía. O las energías mareomotrices o undimotrices, que no se acaban nunca. Calculo que en diez, quince, veinte años todas estarán maduras.

¿Eso significa que el mar se revalorizará?

No sé si decirlo así, ja, ja, ja..., tiene un componente económico un poco sospechoso. Yo confío bastante en los aerogeneradores *offshore*, los flotantes, porque comprometen poco la vida en el mar. En la propuesta de Masterplan para La Laguna reservábamos unos cuantos aerogeneradores flotantes en la zona de más viento del océano próximo a Tenerife. Se tendrán que hacer parques en el mar, que tienen un impacto relativamente menor en ecosistemas acuáticos. Y visualmente estos aerogeneradores estarían a una distancia de la costa que ni se verían. Pero creo aún más en el no despilfarro. En utilizar la energía de modo eficiente y consciente. Y, si no es consciente, que los precios hagan que la conciencia aparezca. El dinero es la mejor medicina para incrementar la conciencia. Sabemos que la conciencia económica es muy superior a la conciencia ecológica.

Venga de donde venga la energía, los vehículos de La Laguna también estacionarán en aparcamientos de altura.

Sí, con ascensores, en forma de mecano.

¿Cuánta altura?

Cinco o seis alturas para juntar unos trescientos vehículos en una superficie reducida. Lo tienen muchas fábricas con robots. Sería una solución relativamente barata. Y eso funciona como central eléctrica. Si son coches eléctricos y tienes acumuladores de energía eléctrica en cada vehículo, puedes modular el suministro y, lo mismo que se les da electricidad, se les quita cuando haya excedentes. Si lo regulas bien, puedes acercarte a la autosuficiencia energética en la supermanzana. Y esos mismos lugares pueden ser puntos de recarga para quienes no tengan aparcamiento.

Así se liberaría espacio para, por ejemplo, añadir verde a la ciudad.

Entre otras cosas.

EL VERDE

En las ciudades se ha cultivado durante mucho tiempo el mito del verde: la idea de que hay que incluir verde, cuanto más, mejor. Pero ese verde debe aparecer después de una buena planificación porque, si no, puedes encontrar zonas que son desiertos o donde la delincuencia campa a sus anchas. Para ti, ¿qué significa el verde?

Somos animales sociales con un componente de animalidad más elevado del que creemos.

Bueno, es que somos animales.

Lo somos, y desarrollamos ciertas pautas de conducta y normas que pensamos específicas del humano aunque también incumben a otros animales. Por ejemplo, hemos establecido el régimen de propiedad, que parece tan humano, pero ese concepto también se encuentra entre los animales en la idea de territorialidad, solo que si ellos defienden su territorio con uñas y dientes, nosotros vamos al notario para que todo el mundo tenga claro que ese territorio es nuestro. Los gatos dejan sus señales en la tierra y nosotros en el registro de la propiedad.

A la vez, tenemos una biofilia inherente a nuestra

propia naturaleza, porque somos parte de la naturaleza. Todos los intentos que se han hecho por desgajarnos de la misma han sido fallidos y han llevado al desastre que estamos viviendo ahora. El pecado más grave que hemos cometido con el desarrollo de la sociedad industrial ha sido intentar independizarnos de la naturaleza. Hemos ocupado una cantidad de suelo como no se había conocido, hemos esquilmado los recursos como nunca, pero, eso sí, luego construimos algo y ponemos etiquetas como «edificio inteligente» a un edificio que suele ser bastante tonto. Etiquetas que tratan de independizarnos de la naturaleza olvidando sus propias leyes. Por eso, aunque la temperatura dentro de una casa se pueda regular con ventilación cruzada, lo que ahora se hace es cerrar ventanas y puertas y generar una temperatura de confort con sistemas activos. Eso es una forma de proceder del todo equivocada.

Antinatural.

Antinatural. Somos un subsistema de la naturaleza y necesitamos el contacto con ella. La inclusión del verde en los sistemas urbanos debe ser consustancial a la idea de ciudad. Compartimos el territorio con otros seres vivos y una parte sustantiva de nuestra acción debe repercutir en los que nos acompañan. Es cierto que algunos organismos son un riesgo para nosotros, pero hay un gran margen de convivencia. Por eso debemos potenciar el verde, la biodiversidad en todos sus sentidos, y es urgente la creación de dos alfombras verdes en todo el territorio urbano: una en cubierta y otra en superficie, puesto que necesitamos las plantas para reducir las temperaturas tanto en el espacio público como en los interiores de los edificios. La temperatura nocturna del Turó Park y sus alrededores puede llegar a tener una diferencia de temperatura de tres a cuatro grados. En una simulación que hicimos en la Agencia de Ecología Urbana de un área del tamaño de una supermanzana de 3 × 3 se ponía de manifiesto que la temperatura superficial de los materiales podía reducirse un 27 % plantando árboles y vegetación en la calle y en parte de las cubiertas de los edificios.

La naturaleza nos provee de numerosos servicios ecosistémicos que son además gratis. Nos los regala. Pero no somos capaces de entender con la profundidad necesaria el beneficio que nos puede proporcionar. Cuando planifico, busco plantas autóctonas bien adaptadas al medio, sobre todo en estas latitudes donde la lluvia escasea. La naturaleza verde nos ayuda a regular la temperatura, pero también las sombras, permite incluir nuevos paisajes sonoros porque genera atracción de aves cantoras, que suelen ser insectívoras y así podemos plantear programas con gramíneas, con plantas en flor que atraigan insectos, que a su vez atraerán a las aves, a las que luego hay que procurar lugares donde puedan beber, esconderse, anidar. Se puede plantar con sentido, y que las redes tróficas se hagan complejas y la biodiversidad florezca. Tratamos de recrear el funcionamiento de la naturaleza. Las consecuencias son maravillosas: por ejemplo, se cambian escenarios de ruido por escenarios sónicos. Tenemos calles con colores. Y lo consigues por la vía del conocimiento: si sabes cuándo florecen las plantas, qué tipo de flores dan, si las hojas son caducas o perennes... Todo son aspectos que incorporas pensando en el funcionamiento de la naturaleza, y ese pensamiento cambia radicalmente el mundo. Podemos definir paisajes extraordinarios y no lo estamos haciendo por ignorancia.

Hasta hace poco se miraba al campo para intuir cómo podríamos relacionarnos con lo verde y convencer a los urbanitas de que ahí había una forma de vida alternativa y completa. Pero cada vez parece más claro que, si se quieren cambiar dinámicas, el relato se debe articular desde la propia ciudad, y el cambio debe empezar en ella. La ciudad es la que mejor puede influir en millones de personas cambiando su esencia, renaturalizándose, porque si los ciudadanos se relacionan bien con el verde urbano podrán conectar mejor con el verde que queda fuera de la ciudad.

Yo diría que es una cuestión de ida y vuelta. Atribuir a la ciudad la responsabilidad más importante de lo que está sucediendo es correcto, pero hay que sugerir modelos territoriales que modifiquen las relaciones entre el campo y la ciudad. El modelo que se está aplicando en el territorio se denomina ciudad-región y su principio es buscar las oportunidades para desarrollar lo urbano ahí donde se pueda. En la época de Aznar incluso se instauró la ley del kilómetro: en Extremadura, cuando querías construir una casa se te proponía hacerlo a un kilómetro de la última con la idea de que otros constructores irían ocupando el intervalo hasta unir con más cemento el espacio entre esas viviendas. Porque lo que da dinero es el cemento, el hierro, el metal, el acero, los materiales de las infraestructuras.

¿Cómo funcionó esa ley del kilómetro?

Pues mal. Puedes ver una cantidad de desaguisados... Miras y dices: ¿qué hace esa casa ahí? No tiene sentido. Cuando subviertes las cosas porque solo tienes una forma de pensar, y todo en tu cabeza es negocio y negocio e invertir y economía... sin importarte el bosque, los ríos ni nada..., el resultado es insostenible. En España, lo que ahora está sucediendo, y todos admiten que es así, es el traslado de la ciudad, en forma de infraestructuras, edificaciones, de todo lo que se asimile a lo urbano, a cualquier parte del territorio. Si se implantan parques solares que ocupan miles de hectáreas de golpe, es por esa idea de lo urbano.

Justo lo contrario de lo que supuestamente conviene hacer. En lugar de traer verde a la ciudad se lleva hierro y asfalto al campo.

Por eso se debe cambiar el modelo.[1] El que propongo busca el equilibrio entre el campo y la ciudad. Pretende la máxima biodiversidad en el campo y la máxima diversidad de personas jurídicas en la ciudad, aspirando a que el campo sea más campo y la ciudad más ciudad. A su vez, el campo debe entrar en la ciudad en las proporciones adecuadas y la ciudad menos en el campo, solo cuando es estrictamente necesario. El campo es el riñón de la ciudad. ¿Dónde van los residuos? A la ciudad, no. ¿De dónde viene la energía? De la ciudad, poca. ¿De dónde vienen los alimentos? De la ciudad, nada. El campo es el proveedor de los recursos y el que reduce el impacto tóxico y contaminante de lo que hemos usado. Pero ¿esto es compensado por la ciudad? No. Por tanto, para la vida en el campo debemos incorporar una idea de justicia y que el campo sea más campo. Los excedentes de lo urbano deben trasladarse a lo rural y natural, pero manteniendo la máxima biodiversidad de esos lugares. Y que eso sea compensado económicamente.

1. Salvador Rueda, *Libro Verde de sostenibilidad urbana y local en la era de la información*, Madrid, Ministerio de Agricultura, Alimentación y Medio Ambiente, 2012. Se encuentra en <https://feut.org/wp-content/uploads/Libro-Verde-2012.pdf>.

Para conseguir eso habría que cambiar las leyes. Y, dicho así, la gente del campo no creo que esté muy de acuerdo con recibir la basura.

Primero hay que cambiar el marco conceptual. En cualquier caso, la basura en la ciudad no cabe, o sale o la ciudad es inviable. Lo que podemos preguntarnos es cómo sale y para ello hay que diseñar planes de gestión de residuos que minimicen, reutilicen y reciclen la mayor parte de los flujos residuales. Cuando me encargaron el diseño del Plan de Gestión de Residuos del Área Metropolitana de Barcelona el porcentaje de residuos que se recuperaban antes de ir al vertedero y las incineradoras no llegaba al 4 %. Hoy esta cifra alcanza más del 40 % de los residuos generados en el Área Metropolitana.

Es lo que decía antes: el imaginario colectivo se perfila en las ciudades. Ellas son las que generan el marco. Si cambiamos la ciudad físicamente, si se multiplica la flora y los animales, los ciudadanos se sentirán emocionalmente más cerca de la idea verde, la idea de campo, y les resultará más fácil entender los derechos y la justicia que se reclama para ellos.

Sí, es importante renaturalizar las ciudades y redoblar el esfuerzo educativo para vivir con la naturaleza. Además, debemos dar derechos tanto a la ciudad como a la naturaleza. No puede ser de otro modo. Igual a un río que a un bosque o a un parque agrario. Yo tuve la gran suerte de estar en el tribunal que seleccionaba los proyectos Life en Bruselas, y uno de los que juzgué y se aprobó fue el del parque agrario del Baix Llobregat. Ahora tenemos unas posibilidades tremendas de impulsar una agricultura regenerativa, ecológica, que viene con grandes beneficios.

Aunque algunos agricultores dicen que esa agricultura no les compensa: demasiado sacrificio para tan poco retorno económico y social.

Yo creo que no pierden nada, varios de ellos lo han demostrado, pero hay que hacer las cosas bien. El campo se ha industrializado. Necesitamos repensarlo para que pueda haber más mano de obra, y permitir un incremento de la biodiversidad edáfica, del suelo, y eso viene asociado a no usar pesticidas ni productos tóxicos ni fertilizantes. Se trata de usar lo que hay que usar, que es materia orgánica y los elementos que propone la ciencia para el laboreo sostenible y saludable y que el campo viva con dignidad produciendo lo que deba producir acomodándose a las condiciones del lugar, no despilfarrando recursos que son escasos. No se entiende que en La Mancha planten maíz y revienten las Tablas de Daimiel. No tiene sentido. Pero eso puede cambiar modificando la normativa europea para que reconozca no solo el campo de riego sino también el de secano. Y que tanto el que tiene secano como el que tiene regadío puedan vivir en condiciones similares demostrando que somos capaces de entender el valor de cada cosa más allá del valor que supone el producto en venta. Hay que compensar.

¿Qué ciudades son referentes por su uso del verde urbano?

Vitoria-Gasteiz, sin duda. Vitoria tiene esa cantidad de verde fruto, entre otras cosas, de la organización social del País Vasco, donde la mayor parte del territorio es comunal y de propiedad pública. A ello se une que son Administraciones ricas en comparación con el resto y a que, de un tiempo a esta parte, en la ciudad ha habido una sensibilidad especial por el verde. Esto explica por qué Vitoria tiene esas grandes superficies verdes. Pero en lugares donde los propietarios privados se han enseñoreado del espacio, la propiedad tiene unos costes que la Administración local no puede abordar porque en España esta es pobre, participa con menos del 15 % de los presupuestos del Estado.

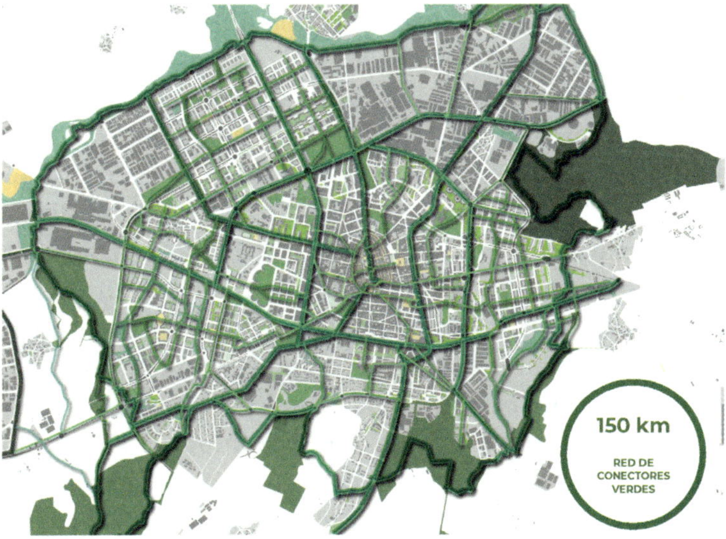

Propuesta de corredores verdes de Vitoria-Gasteiz que surgen del modelo de supermanzanas. Fuente: Ayuntamiento de Vitoria-Gasteiz y Fundación Ecología Urbana y Territorial.

¿Cuál sería una participación adecuada?

En Dinamarca ronda el 60 %. Los municipios proporcionan la mayoría de los servicios, están cerca de la ciudadanía. En España, el País Vasco y Navarra tienen un concierto económico por el que gestionan su fiscalidad. Son ricos. Hay una diferencia sustantiva entre la capacidad de los municipios vascos y, por ejemplo, los catalanes o el resto de los españoles.

Otra cuestión importante del verde, que no se toca

con la necesaria profundidad, es que estamos acostumbrados a ver solo el verde exterior. Vemos el árbol desde la cota cero hacia arriba pero no entendemos que por debajo hay un desarrollo radical equilibrado y simétrico. Obviamos esta evidencia y nos dedicamos a plantar árboles con un suelo ridículo, contaminado con cascotes... De nuevo, la ignorancia nos lleva a plantar especies que no crecen porque las tienen a pan y agua. Poco pan y poca agua. Es tan importante lo que vemos en el exterior como lo que hay en el interior y por eso es básico disponer de suelos estructurales que posean metros cúbicos de tierra orgánica bien nutrida con émbolos, piedras redondeadas que faciliten la circulación del aire y la oxigenación de las plantas...

Hablas de suelo. Al mirar a la ciudad, lo que ves sobre todo es asfalto. Cambiar esa realidad requiere soluciones estructurales, no tácticas.

Lo que promuevo para las supermanzanas en un primer estadio son las soluciones de urbanismo táctico con plantación de arbolado. Necesitamos de manera urgente crear una alfombra verde que sombree el espacio público. Y el árbol es un elemento de estructura fija, una mezcla de lo táctico y lo estructural. Se trata de planificar dónde debemos incorporar el arbolado teniendo en cuenta ese otro hándicap que son los servicios de gas, agua, energía, cableado, fibra óptica, con miles de cables enterrados, cada uno yendo por donde le da la gana. Para plantar bien es básico crear galerías que reduzcan los servicios soterrados que cada vez ocupan más espacio. Es fundamental entender la ciudad subterránea para comprender la infraestructura verde en las ciudades. La gente que trabaja en parques y jardines en Vitoria es gente entendida que lleva a cabo esta idea de forma precisa y, desde mi punto de vista, ideal. Cosa que no sucede en muchas otras ciudades, donde se suele plantar con una cantidad de tierra ridícula, se hacen agujeros de un metro si llega, meten el cepellón y ahí te apañes. Incluso a veces ni siquiera entienden que, cuando llega el cepellón, hay que tratar las raíces. Esto tiene repercusiones para el crecimiento de los árboles y su salud. La vegetación sana es brillante, su salud se ve inmediatamente. Cuando estás ante procesos de sequía extrema ves hojas amarillentas, enfermas, con hongos..., ves padecer al árbol. Ahí se deberían buscar remedios. Los árboles de ahí enfrente (*señala a los que se ven por el balcón*) están ufanos. Viven un buen momento porque las lluvias han venido a Cataluña y los árboles nos lo devuelven con esa belleza brillante. Igual que suministramos agua a las casas, igual que nos proveemos de electricidad, información, energía..., las bases de cuidado del arbolado tendrían que ser similares a las que tenemos en los edificios: regarlos bien, generar la infraestructura para que los árboles estén bien oxigenados, bien nutridos. Pero no lo hacemos, así que se tienen que buscar la vida. Por suerte, se meten en las conducciones de aguas subterráneas para alimentarse, beber. Claro, el agua es crucial.

Parece que sabemos muy poco sobre el impacto del verde, de los parques, de las zonas arboladas y demás en las ciudades actuales. Quienes lo han estudiado en serio aseguran que definir los parques como los pulmones de la ciudad es una tontería más propia de la ciencia ficción, porque si acudes a los datos descubres que para absorber el CO_2 *que cuatro personas exudan al respirar, cocinar y calentarse, se requiere más de una hectárea de monte o bosque. Es decir, los parches verdes que vamos insertando en un sistema dominado por millones de máquinas y personas que emiten toneladas de* CO_2 *dia-*

rias no alivian prácticamente nada al conjunto. La única transformación eficaz sería realizar un movimiento colectivo, un cambio organizado que lleve el verde a todo, a la vida cotidiana, no a rinconcitos de la ciudad. Que induzca a vivir en verde.

Hoy necesitamos verde urbano como el agua que bebemos, sobre todo para adaptarnos al cambio climático. Y es cierto que la vegetación ayuda a mitigar el cambio climático, pero el poder de las plantas urbanas como sumideros de carbono es limitado en comparación con el carbono emitido por la actividad y el funcionamiento de las ciudades. Eso es así.

De cualquier forma, parece que sí se empieza a mezclar más a las personas y el verde, a no delimitar tanto la frontera entre los humanos y la hierba o los árboles.

Según diversos trabajos realizados desde BCNecologia, el verde que se utiliza de forma cotidiana debe estar a menos de 250 metros de donde habitas, con superficies mayores a los mil metros cuadrados de extensión. Se propone también que se tenga un parque de al menos una hectárea a menos de 750 metros del lugar de residencia y un parque de más de cuatro hectáreas a no más de cuatro kilómetros, es decir, a una hora a pie desde tu vivienda. Esto te permite acceder a ámbitos de biodiversidad distinta donde desarrollar usos diferentes.

Esta es la teoría, pero seguro que no todas las ciudades cumplen esa distribución.

En Barcelona, el verde que tenemos en el Ensanche es ridículo. El lugar que, según el planificador, tenía que haber sido el más generoso en verde de la ciudad es uno de los que presentan más escasez: 1,85 m^2 de verde por habitante.

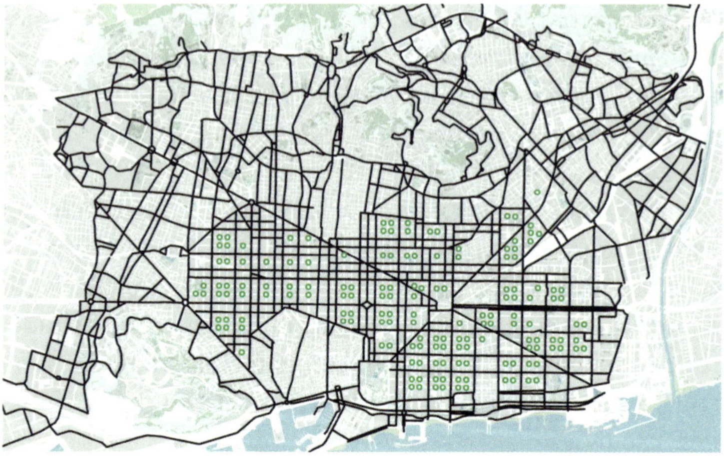

163 intersecciones octogonales (círculos) en el Ensanche de Barcelona que se convierten en plazas de 2.000 m^2. Fuente: BCNecologia.

Cruces octogonales del Ensanche de Barcelona antes y después de su transformación en plaza vegetada. Fuente: Ayuntamiento de Barcelona.

Cruce de la calle Consell de Cent y Rocafort convertido en una plaza de 2.000 m^2. Fuente: Salvador Rueda.

Con las supermanzanas, nosotros lo fijamos en 9-10 m^2 por habitante.

Dices que ese resultado va en contra del planificador, de Cerdà.

Cerdà calculaba que la superficie de ciudad por habitante en la Barcelona amurallada era de 13,5 m^2. Eso da una idea fidedigna del grado de abigarramiento de la ciudad a mitades del siglo XIX. Los higienistas Michel Levy y Monlau proponían que la superficie de ciudad por habitante no debía ser inferior a los 40 m^2. Pasar de 13,5 a 40 es significativo. El segundo elemento de los higienistas es que tiene que haber movimiento de aire, y sugieren calles con un ancho mayor que la altura de los edificios. Cerdà incorpora eso en su plan y define una manzana, la intervía, proponiendo calles de 20 metros de ancho y edificios de 16 metros de alto. Deja margen para asegurar los flujos de aire y evitar el estancamiento. Luego, ¿cómo consigue 40 m^2 por habitante? En aquel momento, en las casas vivían 4,3 personas de media. Cerdà crea una fórmula en busca del tamaño de la manzana. Para dar 40 m^2 de ciudad a cada habitante necesita dejar espacios libres, y propone que nueve de ellos sean verdes. Si lo edifica todo, no le salen los números. Está obligado a dejar espacios libres entre edificios dentro de cada manzana. Y se encuentra que esos espacios que deja libres tienen materia orgánica y humedad. La combinación que consideraba causante de las epidemias, una consecuencia de la materia orgánica húmeda al pudrirse. La manera de neutralizar la materia orgánica y la humedad es plantando árboles. Él viene del campo, del Mas Cerdà en la comarca de Osona, y conoce la influencia del árbol, que toma la materia orgánica, la transforma en parte vegetativa, hace que crezca y las hojas resultantes captan el dióxido de carbono y lo convierten en oxígeno.[1]

Porque, hasta ese momento, ¿el árbol no estaba presente en la ciudad?

Muy poco.

¿En la mayoría de las ciudades o en Barcelona?

Esa consideración la hace él por primera vez. Incorpora el árbol para neutralizar la materia orgánica y la humedad. Chupa la materia y hace que crezca. La evapotranspiración elimina el agua del suelo, y el árbol actúa como una esponja. Pero se da cuenta de que, cuando los árboles están demasiado cerca, esa humedad no se va del todo y entonces propone separarlos ocho metros para permitir el paso del aire y del sol, y que el agua sobrante se seque. Propone plantar árboles cada ocho metros y no crear jardines como nosotros los entendemos hoy. No ajardinaba, lo que hacía era neutralizar la materia orgánica y el agua. Ocupaba los espacios libres con árboles que neutralizaban la dicotomía materia orgánica-humedad y conseguía los 40 m^2 por habitante que recomendaban los higienistas. Hoy, el árbol vuelve a cobrar protagonismo para la adaptación al cambio climático.

En cada momento el verde ha tenido sus propios significados.

Así es. El edificio en la ciudad tiene un papel muy similar al del árbol en el bosque. Con motivo del reciente

1. Salvador Rueda, *Regenerando el Plan Cerdà. De la intervía de Cerdà a las supermanzanas del urbanismo ecosistémico*, Barcelona, AGBAR, 2020. Se encuentra en www.feut.org.

congreso de los arquitectos técnicos españoles di una conferencia que llevaba por título: «Construyan edificios como árboles». Creo que es importante que nos fijemos en ellos. El árbol tiene la capacidad de captar la energía que necesita y ser autosuficiente energéticamente. Sabe captar una energía que le permite desarrollarse y crecer, y lo hace con estrategias de captación distintas. Es una especie de paraguas que despliega una panoplia de captadores solares que son las hojas. ¿El edificio tendría que captar energía? Claro. Los cactus captan la energía en toda su estructura exterior. Todos consiguen ser autosuficientes energéticamente. Los árboles también se adaptan a las condiciones del lugar y, dependiendo de si son húmedos o secos, desarrollan leños preparados para escupir el agua, para que no se pudra. En las selvas lluviosas, el tronco se pudriría y no duraría lo que dura de no estar preparado; pero en sitios de máxima sequedad, la estrategia puede ser captar la microgota de agua suspendida en el aire. Estrategias distintas para ser autosuficientes. Dependiendo de las condiciones meteorológicas, abren o cierran las estomas, que son las ventanas por donde entran los componentes aéreos que necesitan, el dióxido de carbono fundamentalmente, que, junto con los nutrientes y la fotosíntesis, les permite desarrollar la parte vegetativa. Están adaptados a las condiciones, superregulados, y funcionan como un reloj. Por otra parte, han inventado el ascensor, puesto que cargan los nutrientes en las últimas raíces, los suben y generan columnas de agua con nutrientes que llegan hasta la punta del árbol. Ascensores que pueden tener más de cien metros de alto. Y luego, otro ascensor que baja con los nutrientes de la savia neta para alimentar la última célula del árbol. De forma que, en un bosque no predominan los movimientos horizontales sino los verticales con formidables columnas en movimiento. Es fantástico. Cada árbol busca el sol que necesita a través de sus sistemas sensibles. En varias calles de Gràcia hay pseudoacacias maravillosas que superan en altura edificios altísimos. Son columnas que van buscando la luz, autosuficientes. Y no se mueven. Su alimento es lo que sueltan ellas mismas para reiniciar el ciclo cuando la temperatura es la adecuada. Y además son los organismos con más inquilinos. Pueden tener miles de organismos microscópicos distintos, y no tan microscópicos. En algunos árboles tropicales puede haber más de cien mil seres viviendo. Lo que quiero decir es que tendríamos que aprender de ellos. Nos llevan varios millones de años de ventaja. Y son capaces de estar vivos. Y de reproducirse. Ninguno de nuestros edificios tiene esas capacidades. Pero somos tan arrogantes y pretenciosos que los llamamos inteligentes, cuando ni siquiera están vivos.

Los edificios en las ciudades tienen un papel similar a los árboles en el bosque. Tendrían que ser autosuficientes o tender a serlo en energía y en agua. Se tendría que construir con materiales procedentes de la demolición y el reciclaje. La construcción debería adaptarse al clima y a las condiciones del entorno donde se construye. Se tendrían que acomodar a las leyes de la naturaleza y buscar la mejor simbiosis con los organismos vivos.

Hay quien se enerva si se llama inteligente a una planta. Lo cuenta Paco Calvo en su Planta sapiens.

Tenemos mucho que aprender de los árboles. Y, si los combinamos bien con nuestros edificios, nos darán la sombra adecuada para que se refrigere nuestra casa en estos momentos de cambio climático. Y luego está la necesidad urbana de suelo permeable, capaz de llevar siempre agua, para que refrigere el ambiente al evaporarse. En lugares como Sevilla conocen bien las propiedades de materiales como el albero. Lo riegas y te baja dos o tres grados la temperatura del lugar. A última hora de la tarde, tienes un fresquito salvador para vivir noches que pueden ser tropicales o incluso tórridas.

Hay mucho suelo, y cada ciudad tiene el suyo. ¿Hay algún tipo de pavimento o materiales singularmente adecuados para la nueva coyuntura climática?

Barcelona tuvo 113 noches tropicales en 2023, es decir, que la temperatura no bajó de 20 grados. Pero, además, 72 de estas fueron noches tórridas en las que no se bajó de 25 grados. Esto es una dificultad tremenda para dormir. No te digo las personas sin capacidad económica para tener sistemas activos de refrigeración y que viven en las partes superiores de los edificios. Mucha de esa gente enferma o muere. Estamos en valores de 72 noches tórridas cuando hace diez años eran seis o siete como máximo. ¿Cómo nos enfrentamos a ese escenario que sabemos se va a agravar?

La tecnología y los nuevos materiales ayudan a mejorar las sensaciones. Por ejemplo, ahora se emplean pavimentos distintos para aliviar la temperatura.

Hay un abanico de pavimentos interesantísimo. Pueden ser de sablón, albero..., pero también pavimentos artificiales que permiten que se cuele agua por las rendijas, como si fuera un rompecabezas, con pliegues que dejan huecos donde, debajo, pueden llegar a acumularse 15 litros por m^2. Y ya hay pavimentos absorbentes capaces de multiplicar esos 15 litros hasta 60 o 70 litros. Podrían ser sistemas adecuados para reducir los efectos perversos de las lluvias torrenciales que se van a ir reproduciendo a causa del cambio climático. Tenemos la gran oportunidad de, modificando los usos del espacio público, incorporar el agua como un elemento más de la ecuación, y pensar estrategias para el suelo. Permitir que el agua pueda evaporarse. La permeabilidad es clave para definir el índice biológico del suelo. Cuando el suelo es impermeable la vida no es viable.

Otro factor importante, que no tenemos incorporado en nuestra visión de la ciudad, es la idea de ecosistema que nos proporciona el bosque. El ecosistema del bosque evoluciona permitiendo la relación entre los elementos de la vegetación, de modo que los que están adaptados a cantidades de luz menores viven debajo de los que necesitan más luz, y van creando capas, que a su vez dan lugar a más capas que van ascendiendo hacia la canopia del bosque y hacen que la biodiversidad se multiplique, porque cada uno de estos organismos lleva asociados otros muchos organismos, elementos que van incorporándose en el conjunto. Ese proceso evolutivo se llama «sucesión», hasta llegar al clímax, la máxima biodiversidad que es capaz de acoger un territorio. En ese proceso, el bosque empieza a controlar las variables de entorno: la humedad, la temperatura, la insolación, las sombras, los caminos..., de manera que la temperatura en el interior es bastante más baja que en el exterior, o al revés. Ese control es parecido, no igual, al que ejercemos en nuestro cuerpo con la homeostasis.

Nosotros somos organismos pluricelulares y si necesitamos azúcar tenemos mecanismos para que ese azúcar salga al torrente sanguíneo y al líquido intersticial celular. Cuando sobra, hay mecanismos que lo retiran, para mantenernos siempre a niveles constantes. Por eso, cuando nos hacen análisis nos dicen: las constantes vitales están bien, los parámetros están dentro de los márgenes..., pero si un parámetro está fuera de rango arrastrará a otros hasta que la enfermedad se te lleve por delante. Porque están interconectados. Ese nivel de control de los elementos internos que circulan por el torrente sanguíneo e intersticial es consecuencia del proceso homeostático. En el bosque, ese control no es tan exhaustivo. No se puede comparar un ecosistema con un organismo. Dicen que la ciudad es como un organismo. De eso nada. Es un ecosistema. Un ecosistema que, hoy, no controla casi nada. Cosa que sí sucede en el bosque. El control que se da cita en la ciudad es deficiente. Continuando con el símil, en la ciudad tenemos los edificios, que actuarían como árboles, y su relación con el resto del espacio público debería servir para controlar las variables ambientales, pero ocurre justo lo contrario. Los arquitectos y urbanistas no incluyen en sus proyectos de planificación el control de las variables de entorno y no lo hacen porque no tienen conocimientos precisos de cómo funcionan los ecosistemas en la naturaleza. La naturaleza lo hace aplicando sus propias leyes, que se han desarrollado después de millones de años. Los planificadores en un ecosistema artificial como es la ciudad deberían incluir esas leyes, leyes que la naturaleza nos regala pero, claro, hay que conocerlas. El desconocimiento los lleva a desarrollar proyectos urbanos que no tienen previsto el control de las variables de entorno: el ruido, la contaminación atmosférica, la temperatura, los usos en el espacio público..., y acaban impactando sobre la población y sus bienes. Pareciera que los ciudadanos somos enemigos de los que planifican. Justo lo contrario de lo que hacen los bosques para desarrollarse. Los árboles no son enemigos de ellos mismos. Nosotros sí. Porque los principios empleados para la planificación y la construcción urbanas están errados. Necesitamos nuevos principios. Unos principios que jueguen a favor de las personas y de las leyes de la naturaleza. Unos principios que hemos recogido en la Carta para la Planificación Ecosistémica de Ciudades y Metrópolis.[1]

¿Cuál es la responsabilidad de los urbanistas en esta desorganización?

Interés e ignorancia, una combinación nefasta. Las aproximaciones a la planificación son parciales. Muchos urbanistas no tienen los conocimientos necesarios, en especial, los relacionados con el funcionamiento de los sistemas complejos para abordar las realidades de manera integral, como hace la naturaleza después de un aprendizaje de millones de años. Nosotros no tenemos esos millones de años, y necesitaremos, siempre, aprender de la naturaleza.

Se diría que la ciudad actual es una de las formas más evidentes del error que hemos cometido al separar ciencias y humanidades.

El intento de separación de la especie humana de la naturaleza es el gran error. Y se ha puesto en evidencia en el debate entre la evolución de las especies de Darwin y el creacionismo de la Iglesia católica. Esa discusión es fruto de un equívoco provocado por la fe, no por la ciencia. El equívoco está instalado en los programas formativos y creo que es la causa de por qué no somos capaces de integrar, por qué nos faltan conocimientos para pensar con la suficiente profundidad. Todo nos suena, sí, pero eso debe plasmarse en la planificación. Cerdà es el primer ecólogo

1. Salvador Rueda, *Carta para la Planificación Ecosistémica de ciudades y metrópolis*, 2019. Se encuentra en: www.feut.org.

urbano que conozco, porque incorpora todo el conocimiento de su época a la ciudad con metodologías e instrumentos maravillosos. Es un renacentista que busca el razonamiento y el porqué de cada cosa y luego lo plasma de manera práctica en su propuesta. ¿Qué ocurre? Que hoy se forma a los profesionales para el diseño de ciudades de manera muy parcial, sin esa concepción de la ciudad como ecosistema. En general, se dan soluciones parciales que llevan de forma ineludible a disfunciones.

En la Agencia de Ecología de Barcelona implanté una metodología sistémica: una solución no podía llamarse así si dejaba alguna variable sin incluir, aunque fuese secundaria. Debían romperse los papeles y empezar de nuevo. La propuesta que no integraba todas las piezas era inadmisible. Uno de nuestros grandes problemas como especie es que hablamos de nuestro cerebro como algo maravilloso, que lo es, pero creo que no tiene la capacidad de integrar la complejidad necesaria para abordar realidades complejas. Siempre las abordamos de manera parcial, con soluciones lineales. Por eso es tan importante abstraerse y hacer una propuesta con modelos, los únicos que pueden romper la lógica lineal para insertarse en una de carácter circular. La lógica lineal viene acompañada normalmente de procesos bienintencionados de interdisciplinariedad, pero esta ha dado resultados muy magros cuando no contraproducentes. Necesitamos cambiar la lógica y con ella la posibilidad de pasar de la interdisciplinariedad a la transdisciplinariedad. Es decir, necesitamos definir el terreno de juego que viene a través de los modelos y definir las reglas del juego que vienen con la definición de nuevos principios urbanísticos. Luego, una vez definidos el terreno y las reglas, que vengan los especialistas con su conocimiento especializado, sí, pero ya sabiendo a qué se juega.

Y el juego es el tratamiento de los ecosistemas urbanos en toda su extensión y de estos con su entorno más o menos amplio.

Una consecuencia de esta linealidad, de esta forma de simplificar, es la romantización del verde. En general, todo lo asociado a la naturaleza no humana se ha vinculado durante mucho tiempo a lo bucólico o lo épico, como si no formara parte de la vida cotidiana. La naturaleza se ha narrado en términos excepcionales, señalando a la ciudad como máximo exponente de la normalidad... humana. De ahí que se tienda a separar ambos mundos, asociando rural o salvaje con lo verde, con lo lejano y poco influyente, mientras que lo urbano se proyecta como la realidad que cuenta, lo que importa. Como si formaran parte de mundos distintos.

El objeto de estudio de la ecología son los ecosistemas, y una cuestión clave es la conexión entre ellos. Esta habitación donde estamos es un ecosistema, pero la casa también lo es y el edificio y el barrio y la ciudad, y nos adentraríamos en la matriz territorial. Todos lo son porque cumplen con la definición de ecosistema. Por tanto, fuera de los ecosistemas no hay nada. Es lo más omnicomprensivo. Y a la vez que digo esto, estoy relacionándolos. No se pueden desgajar como si fueran tarugos fuera de la matriz, no se puede separar lo que está fuera de lo que está dentro porque todo viene a confluir para permanecer en el tiempo. Ese maniqueísmo de ir diferenciando está bien para ahondar en las características propias de cada sistema, pero no para separarlos como si fueran mundos diferentes. No. Son mundos interconectados de manera íntima. Y esta concepción nos debe llevar a la definición de modelos urbanos que permitan abordar los grandes retos que tenemos sobre la mesa definiendo modelos territoriales en los que la ciudad sea una parte de ese territorio. Pero no puede ir por una parte lo rural y por otra lo urbano. No. Necesitamos relacionar todas las piezas y que los equilibrios estén perfectamente definidos. La valoración que tenemos de lo urbano y lo rural nos ha llevado a considerar que lo urbano es mejor, y se intenta expandir por territorios inmensos promoviendo el nefasto modelo ciudad-región.

Defines un mundo con demasiados especialistas en el que cada uno barre para su interés sin contar con los demás.

Es así. Mira la Ronda de Sant Antoni. Durante más de diez años ha estado ocupada por un mercado provisional que impedía que hubiera flujo motorizado, era una zona pacificada. Se ha rehabilitado el mercado original. Y ahora aparece la discusión de qué hay que hacer ahí. Y resulta que se plantea como imprescindible que vuelvan a pasar los buses y los coches. ¿Por qué? Porque el Ayuntamiento y los responsables de TMB, haciendo uso de la lógica lineal, deciden usar la calle Villarroel como ruta de transporte público y eso obliga, según los que deciden, que no es la ciudadanía, a convertir la Ronda de Sant Antoni en vía de tráfico.

En la calle Villarroel, que viene a desembocar en la Ronda de Sant Antoni, está ubicado el Hospital Clínico, un gran atractor de viajes en transporte público. Pero, yo me pregunto, ¿no sería más lógico convertir la calle Villarroel en calle peatonal y evitar el actual impacto del tráfico sobre el hospital? Se puede trasladar el tráfico y la línea de autobús a Urgell, una calle paralela a cien metros, y todo funciona, al tráfico no le pasa nada y, en cambio, se crea un corredor verde de casi dos kilómetros que une la plaza España con la plaza Universidad por la avenida Mistral, la calle Tamarit (supermanzana de Sant Antoni) y la Ronda de Sant Antoni, se pacifican 1,6 hectáreas y se propicia el contacto del Raval y el barrio de Sant Antoni.

Dices que esa es la lógica del autobús. Pero, en un momento como el actual, ¿por qué gana esa lógica antes que la de una ciudad considerada integralmente?

Volvemos de nuevo a la planificación parcial. Cada cual vela por sus intereses. Lo que cuesta entender es cómo es posible que la misma persona que preside la empresa de transportes metropolitanos y es responsable del urbanismo en Barcelona, y, por tanto, la que tiene la responsabilidad de buscar las mejores soluciones integrales, tomara la decisión de ocupar la Ronda de Sant Antoni con autobuses, cuando hace más de diez años que no pasaban por ahí. Alguien debería explicarle las bondades ecosistémicas de que sigan sin pasar.

Para entender todo lo anterior, vamos a recapitular y ver cómo se conciben y se desarrollan las supermanzanas desde el punto cero. Para ello tomamos el caso de Barcelona, donde nace la idea. Las dos primeras supermanzanas se implementan en los barrios del Born y Gràcia. Ver tu idea consumada debió ser...

Un gran orgullo. Siempre he dedicado mi energía al bien común y al servicio público, no hay nada que me haga más feliz que ver mejoradas las condiciones de vida de mis conciudadanos y comprobarlo diariamente.

Yo concibo la idea de las supermanzanas en el año 1987 cuando era director técnico de Medio Ambiente del Ayuntamiento de Barcelona. Después de realizar el mapa de ruidos de la ciudad lo suyo era diseñar un plan de actuaciones para reducir el impacto del ruido diagnosticado. Así definí la red de supermanzanas.

Hecho esto, me fui a ver a los responsables del departamento de Transportes del Ayuntamiento y les puse encima de la mesa las soluciones para el ruido y, también, para la movilidad en general. Después de mi exposición preguntaron cuál era el nivel de colapso que provocaba la propuesta. «No lo sé.» Dijeron que me podía ir por donde había venido. En aquel momento los ordenadores que teníamos, los 486, no soportaban ninguna simulación de tráfico. *A priori*, era imposible saber el nivel de saturación de las vías que iba a provocar la red de supermanzanas. Ya en el año 2000, cuando se crea la Agencia de Ecología Urbana de Barcelona, uno de sus primeros objetivos fue organizar un equipo de ingenieros civiles y otros técnicos para la simulación de las redes de transporte. Los primeros resultados decían que reduciendo un 13 % el tráfico vehicular obteníamos velocidades similares en el escenario de partida y el escenario de supermanzanas. Finalmente, se llegó a la conclusión de disminuirlo un 15 %. Desde que se aprobó el Plan de Movilidad, la reducción ha sido del 25 %. Con esta reducción, hoy se pueden implantar todas las supermanzanas de Barcelona con una saturación de vías menor al escenario de tráfico de 2015.

Después de un periplo de treinta y cinco años y una actividad frenética por cambiar el modelo de movilidad podemos responder a la pregunta: la red de supermanzanas no supondrá una saturación de vías inasumible y la funcionalidad de la ciudad quedará garantizada.

La estadística os ha dado la razón.

Los datos de la encuesta de movilidad de 2023 me hacen especialmente feliz y con ellos me da la sensación de cerrar el círculo. Cuando dirigía los servicios técnicos de Medio Ambiente del Ayuntamiento redujimos la contaminación de los focos fijos de contaminación atmosférica: calderas domésticas e industriales. Sustituimos la totalidad de los combustibles líquidos y sólidos (carbón) por gas natural. En invierno, si uno se sube a las partes elevadas de la ciudad no verá ninguna chimenea con humo. Durante varios años dedicamos un gran esfuerzo a diagnosticar y buscar soluciones también para el tráfico vehicular, y a excepción de algunas batallas ganadas, por ejemplo, cambiar a gas una parte importante de la flota de autobuses, los resultados fueron escasos. Poner de relieve el impacto ambiental no era suficiente para cambiar el modelo de movilidad. Pero si se querían transformar los modelos urbanos, la estrategia debía consistir en repensar la ciudad de manera integral incluyendo el urbanismo, la movilidad, la biodiversidad, el metabolismo y las componentes social y económica. Cambiando el funcionamiento de la ciudad podíamos aspirar a reducir las disfunciones: la contaminación, el ruido... Intentarlo desde el medio ambiente, es decir, desde las disfunciones, era perder el tiempo y la paciencia. Abandoné el puesto de dirección de los servicios ambientales del Ayuntamiento y pasé a coordinar los programas de revitalización de Ciutat Vella. Ahí se diseñó el primer programa de ecología urbana de un distrito urbano.

Uno de los proyectos que pude diseñar fue el Plan de Movilidad de Ciutat Vella. Y de ahí surge la primera supermanzana de Barcelona en el barrio de la Ribera, conocida como la supermanzana del Born.

¿Qué supone el Born en la historia de las supermanzanas?

Una primera instancia en la que se concreta una propuesta de regeneración de un tejido urbano vulnerable y de transformación del espacio público que acaba conformándose como un lugar muy atractivo, incluso en exceso, porque viene mucha gente de fuera, aparte de miles de barceloneses. Alguien puede objetar que es que ahí está el Museo Picasso, Santa María del Mar... Bueno, también lo estaban antes y era una zona vulnerable y poco visitada.

Planteamos la supermanzana del Born con una profunda regeneración del espacio público del barrio de la Ribera, y delimitamos la entrada con un sistema de bolardos retráctiles que permitía entrar y salir a determinados vehículos de los residentes con tarjeta y a otros vehículos bajo demanda, además de a los vehículos de mercancías a determinadas horas. El proyecto cambió por completo el paisaje y la calidad urbana del barrio, que se había convertido en una zona vulnerable por la depresión que se había generado tras la marcha del mercado central de Barcelona.

La plaza de les Olles en el barrio de la Ribera (Barcelona. Acuarela de Joshemari Larrañaga).

¿Qué quiere decir vulnerable?

Insegura. Cada vez se cerraban más persianas. Emili Cota, el pastelero que presidía la asociación de vecinos, era una persona excepcional, generosa, inteligente, que tenía una pastelería en la plaza de les Olles y trataba de regenerar un tejido social que se caía a pedazos. Iba detrás de la gente para que no cerraran. «Esperad a ver si encontramos a alguien que os sustituya.» Porque el efecto de persiana cerrada es de barrio marginal. Ahora, todas las calles están ocupadas y colonizadas. Cuando se inició el proceso de revitalización yo nunca hubiera apostado por tal cantidad de calles minúsculas interiores y de actividades funcionando maravillosamente bien. Debo reconocer que el turismo ha tenido un papel importante en la revitalización de determinados rincones en el barrio de la Ribera.

Hay docenas de pastelerías, por cierto.

Sí, ja, ja. El Born ha sido una primera experiencia en ese proceso evolutivo. Ahí se implantó el primer carril de bicicletas segregado, en Marqués de Argentera, en el perímetro de la supermanzana. La intención era conectar con bicicleta los tres recintos de la Universidad Pompeu Fabra, y fui a hablar con los responsables de la universidad. No me hicieron ni caso. Por suerte, el Ayuntamiento no eliminó el carril y ahora forma parte de la ya extensa red de bicicletas de la ciudad.

Y después del Born...

Pasé varios años planificando vectores ambientales en la Generalitat hasta que, en 2002, estando ya en la Agencia de Ecología Urbana se nos encargó desde TMB el diseño de la nueva red de autobuses de Barcelona. Esto me dio la oportunidad de repensar la primera red de supermanzanas propuesta a finales de los ochenta. Pero pasaba el tiempo y la implantación de la nueva red no se concretaba. Parte de los ingenieros de TMB decían que la nueva red se dedicaría a pasear hierro, una forma de decir que buena parte de ella iría sin pasajeros. No obstante, el mayor escollo, en mi opinión, era el propio alcalde. En aquella etapa la alcaldía no soportaba la menor crítica y un proyecto de esta envergadura no se había implantado en ningún lugar del mundo. Los riesgos eran inasumibles.

Visto lo visto, pensé que lo mejor que podíamos hacer era intentar diseñar una nueva red de buses en otra ciudad y en 2006 llegó la oportunidad de redactar el Plan de Movilidad y Espacio Público de Vitoria-Gasteiz, basado en supermanzanas, y, con él, el rediseño de la nueva red ortogonal de autobuses. El día 29 de octubre del año 2009 los vitorianos se fueron a dormir con una red de autobuses con 18 líneas y se levantaron el día 30 con una de 9.

En Barcelona, la relación entre la dirección del departamento de Transportes del Ayuntamiento y BCNecologia fue creciendo y perfilando las bases para la redacción de un nuevo Plan de Movilidad para Barcelona, pero antes de concretarse se produjo el relevo del alcalde Joan Clos por Jordi Hereu. Y se llevó por delante todo lo trabajado. La propuesta de la nueva red ortogonal con 28 líneas la convirtieron en una red de 11 líneas que llamaron RETBus. Pero no se concretó porque en las elecciones municipales ganó la alcaldía Convergència i Unió, otro partido político, y llegó al gobierno Xavier Trias en 2011.

Mientras, la red ortogonal de autobuses diseñada en 2002 dormía el sueño de los justos. Los nuevos gestores, en especial el concejal Eduard Freixedas con la ayuda de Vicente Guallart, decidieron apostar por la red ortogonal completa de 28 líneas y abandonar el RETBus. Les sugerí

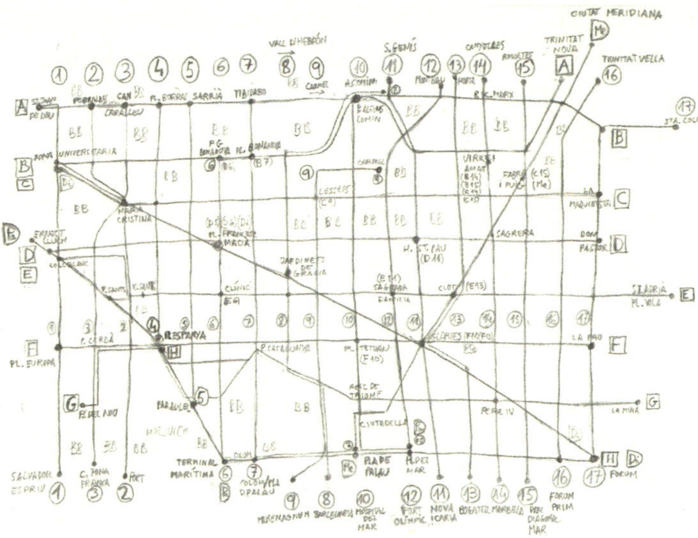

Red ortogonal de autobuses de Barcelona dibujada a mano. Fuente: Salvador Rueda.

que fueran a ver la nueva red de Vitoria diseñada por nosotros. Los principales responsables políticos y técnicos del área de Movilidad se desplazaron a Vitoria. Comprobaron que los resultados no podían ser más espectaculares. El incremento de nuevos usuarios de transporte público superaba el 100 % desde el rediseño de la nueva red de autobuses y la implantación del tranvía.

La visita a Vitoria acabó de convencerlos y, en el año 2012, diez años después del primer dibujo hecho a mano, se implantaban las primeras cinco líneas de la nueva red de autobuses de Barcelona. En noviembre de 2018 llegaron las últimas líneas de la nueva red.

Y a continuación, Gràcia.

En 2005-2006 la Agencia había diseñado el Plan de Movilidad de Gràcia, basado en supermanzanas, y se implantaron dos, que hoy funcionan perfectamente. Luego se han ido articulando otras supermanzanas de forma natural por toda la Vila de Gràcia, sin duda, uno de los lugares más vibrantes de la ciudad.

Aunque el departamento central del Ayuntamiento no veía con buenos ojos la propuesta, la presentación en el plenario del distrito, que presidió primero Ferran Mascarell, del PSC, y después Ricard Martínez, de Esquerra Republicana de Catalunya, generó un elevado consenso y entusiasmo: el proceso participativo contó con el acuerdo de las asociaciones vecinales, de comerciantes, culturales, sociales, etcétera. Pero, de repente, de un día para otro aparecen montones de pancartas colgadas en los balcones y las ventanas rechazando las supermanzanas. Una empresa de souvenirs radicada en una de las supermanzanas a implementar creyó que peligraba su logística, se alió con garajes y talleres de coches y motos y dijeron a los vecinos

Calle interior de supermanzana en el distrito de Gràcia (Barcelona). Fuente: BCNecologia.

que ellos tampoco iban a poder entrar en las supermanzanas. Mentira, pero los vecinos lo creyeron. En las supermanzanas de Gràcia podía entrar todo el mundo, también los vehículos relacionados con los negocios que iniciaron la protesta. Ricard lideró el proceso de diálogo y después de ochenta y cinco reuniones nocturnas las aguas volvieron a su cauce y las supermanzanas se implantaron tal como se habían planificado al principio. Hoy, prácticamente la totalidad de la Vila de Gràcia funciona con el modelo de supermanzanas aunque oficialmente solo sean dos las reconocidas. Mejor así. La población las ha hecho suyas sin aspavientos.

Los precedentes del Born y Gràcia deberían haber facilitado la reproducción de supermanzanas.

Un día me llaman del distrito de Les Corts, presidido por Antoni Vives, que también lideraba el modelo urbano de Barcelona. Me dicen que Vives lleva un tiempo buscando una acción de gobierno lo bastante fuerte como para decir que están haciendo cosas interesantes. El gerente, que había sido miembro de la asamblea de BCNecologia y conocía bien nuestro trabajo, le sugirió que nos llamaran. Parece que Vives torció el semblante y ahí se quedó la cosa.

¿De qué partido era Vives?

De Convergència, como Trias.

Y tú habías hecho las primeras supermanzanas con un gobierno socialista.

Porque eran los que gobernaban. Y una salió adelante gracias a alguien de Esquerra. Ya ves cómo va esto, ¿no?

De personas más que de partidos.

El caso es que la primera recomendación no cuaja. Pero, al cabo de un tiempo, Vives nos pide un Plan Estratégico para el distrito de Les Corts. Le puse mucho cariño a ese proyecto. Recuerdo que enviamos la propuesta un día a las seis de la tarde y a las nueve de la noche me llama el gerente a mi casa: Vives se ha leído el plan –no sé cómo lo hizo, en tres horas– y le gustaría verte a las nueve de la mañana. Quedamos en su despacho. Y Vives me dice: «Salvador, he leído el trabajo y es excelente. Pero das miedo». «¿Cómo? ¿Qué quiere decir que doy miedo?» El miedo es libre, una percepción que manda más que la realidad, pero debe estar ligado a algún indicio, ¿no? Podrías sentirlo con razón si yo fuera una persona desleal. Le reté a que me dijera cuándo había sido yo desleal al Ayuntamiento, a la institución. Yo creo que nunca. Y cuántas veces he sido desleal a la ciudad, porque yo, ante todo, me debo a la ciudad.

Pero ese miedo a qué venía. ¿Había alguna razón concreta?

No estoy vinculado a ningún partido político y tengo muchísima información sensible sobre Barcelona. Vives creería que podría utilizarla contra ellos en algún momento, pero yo no hago eso. Así que le dije: «Tú me has encargado este trabajo y aquí lo tienes. Tú no te has inmiscuido en nuestra labor y debo decirte que yo no te habría permitido que lo hicieras porque desde la Agencia trabajamos sin cortapisas. Ahora bien, en el momento en el que te entrego el proyecto, tu trabajo es tomar decisiones. Ya no me toca a mí. Mi trabajo es la planificación. Si lo quieres meter en un cajón, es tu problema. Dime cuántas veces he ido yo a la prensa para poner a nadie en entredicho por un trabajo no realizado. No funciono así».

O sea, el miedo es a que entregues un buen plan, se quede en el cajón y luego puedas preguntarte en público por qué los políticos tienen en el cajón algo tan...

Yo pretendo que la ciudad avance, que los ciudadanos puedan vivir mejor, cambiar la calidad urbana y la calidad de vida de la gente, que es lo que me atrae y me mueve porque soy un servidor público, pero no estoy para las batallas políticas. Mi situación hoy es distinta, porque no ocupo ningún cargo de responsabilidad y porque creo que contando las cosas como sucedieron se puede avanzar más rápido. Después de aquella conversación se abrió el melón. Y como Vives tenía en su mano la posibilidad de poner en marcha el modelo urbano de Barcelona, toma la decisión de facilitar que nos encarguen el Plan de Movilidad.

Y...

Entregamos el plan basado en supermanzanas en octubre de 2014. Las elecciones al Ayuntamiento eran en mayo de 2015, no quedaba mucho tiempo para aprobarlo. Hablo de tiempo político porque, a partir de cierto momento antes de las elecciones, no se aprueba nada. En diciembre pregunté a Antoni Vives: «¿Qué pasa que no se aprueba el plan?». Y me respondió: «¿Y quién me lo aprueba?». «¿No tienes consenso político para conseguir los votos?» «No.» «¿Me dejas a mí?» Estuvo de acuerdo, así que llamé a los que consideraba clave. El juego político tiene unos componentes muy específicos que debes conocer, y si te equivocas estás perdido. Llamé a Ricard Gomà, alcaldable de Iniciativa per Catalunya, porque ellos habían hecho alguna manifestación a favor de desarrollar supermanzanas. Le dije que tenía el mandato para negociar el Plan de Movilidad. Os lo pongo a consideración para discutirlo en todos sus términos, y modificar lo que haya que modificar para que llegue al plenario y aprobarlo. Y empezamos a discutir página por página. Pam pam pam. Se incorporaron algunas piezas que ellos planteaban pero que no modificaban en nada el modelo, trasladé el resultado a los equipos del Ayuntamiento, dijeron que perfecto y ya. Hablar con otros partidos políticos habría sido muy complicado y contraproducente. Mi idea era que uno de los partidos de la izquierda estuviera a favor, confiando en que arrastraría al Partido Socialista. El objetivo era arrancar al menos una abstención, con eso ya llegábamos. La relación de Convergència con Esquerra era buena, se daba por supuesto que Esquerra votaría a favor. El caso es que Gomà lo llevó a la asamblea de la nueva plataforma política que se iba a presentar a las elecciones de mayo, e integraba a Iniciativa per Catalunya en los Comunes. Y, de entrada, bloquean el acuerdo. Cuando me llega esta información llamo a una de mis colaboradoras, que iba en las listas de los Comunes, y le digo: «Oye, me comentan que estáis bloqueando votar a favor del Plan de Movilidad». Y me dice: «Sí, hombre, cómo le vamos a regalar esa foto a Trias». Le digo: «¿Tú trabajas para hacerte fotos o para mejorar la vida de la gente?». Luego, no sé exactamente qué sucedió, pero los Comunes aprobaron abstenerse. El plan se aprobó con los votos de Esquerra, Convergència y la abstención de los socialistas y de Iniciativa per Catalunya.

Y se inicia el proceso de implantación de las supermanzanas.

Con dos procesos de participación interesantísimos, uno en Les Corts y otro en Poblenou. En Poblenou, con el gobierno de Trias ya se había hecho un proceso para calibrar la aceptación de las supermanzanas, pero se impulsó otro varios meses antes de las elecciones. Se discutió el proyecto, se dio a conocer a los vecinos, no solo de esa supermanzana concreta sino también de alrededor.

Ya estando los Comunes en el gobierno municipal me vienen a ver varios profesores de la Universidad Internacional de Catalunya para comentarme que tienen un proyecto en el que cinco o seis universidades escogen un tema, lo trabajan juntas durante un año y, a comienzos del curso siguiente, llevan a cabo una práctica de carácter efímero después de un *workshop*. Me venían a ver porque ese curso se iban a centrar en el espacio público. Me pidieron ideas. Y les digo: «¿Por qué no hacemos una supermanzana?». «Perfecto. ¿Dónde?» Respondo: «No lo vamos a hacer en medio del Ensanche central, donde la presión del tráfico es muy elevada. Podemos aprovechar el proceso participativo que ya se ha realizado en Poblenou y experimentar con una supermanzana que, siendo aledaña, tenga cuatro intersecciones de dos mil metros cuadrados cada una con la posibilidad de convertirlas en cuatro nuevas plazas. Ahí podemos experimentar sin problema, porque los flujos vehiculares son menores». Dijeron que adelante. Era febrero. Empezamos a reunirnos los viernes con la asociación de vecinos del Poblenou, la Taula de Pere IV, que convocaba a todos los artistas, las actividades económicas, las asociaciones de los distintos barrios que atraviesa la calle Pere IV... Y llega el momento de hacerla. Era principios de septiembre, coincidía con la ventana temporal que tenían las universidades para plasmar el proyecto efímero. Más de doscientos alumnos y quince profesores se dividieron en cuatro grupos: cada uno trataba una intersección para dar vida a los cuatro grandes usos o derechos ciudadanos que aparecen en la propuesta: entretenimiento, cultura y arte, intercambio y mercado, y debate y democracia en el espacio público. Fue una experiencia maravillosa, de las más ricas que he vivido. Y el Ayuntamiento estaba implicado, porque dio permiso para modificar los usos de las calles durante unos días. La idea era retirarlo todo después de haber mostrado sus posibilidades, se trataba de una experiencia efímera, pero el Ayuntamiento decidió que la parte de movilidad quedaría de manera permanente.

Identificación de la supermanzana con un hashtag realizado por los alumnos de la Escuela de Arquitectura del Vallès. Con ello se pretendía que cada vez que vieras un hashtag te acordases de las supermanzanas.

Con efímero te refieres a...

Que luego se remueve. Por ejemplo, el cruce dedicado a cultura y arte se había hecho con pintura que ocupaba toda la plaza. Se pintó el *panot* típico de Barcelona, pero varias veces más grande. En el otro cruce se reprodujo con pintura el Parlamento catalán en escala uno a uno y se pintaron en el suelo una variedad de lugares representativos de la democracia. Otra esquina tenía canastas, una cancha de futbito, un terrario para los niños... era la plaza del entretenimiento. Todas ellas intervenciones removibles.

Esto es lo que se debía retirar.

Lo que se retiró. Pero se quedaron los cambios relacionados con la movilidad. ¿Qué pasó? Se montó un lío de los que hacen época. El primer error, en mi opinión, fue de carácter político y consistió en lanzar el mensaje: «Nosotros tenemos el modelo de Barcelona». Tanto los gobiernos socialistas como los de ERC o de Convergència

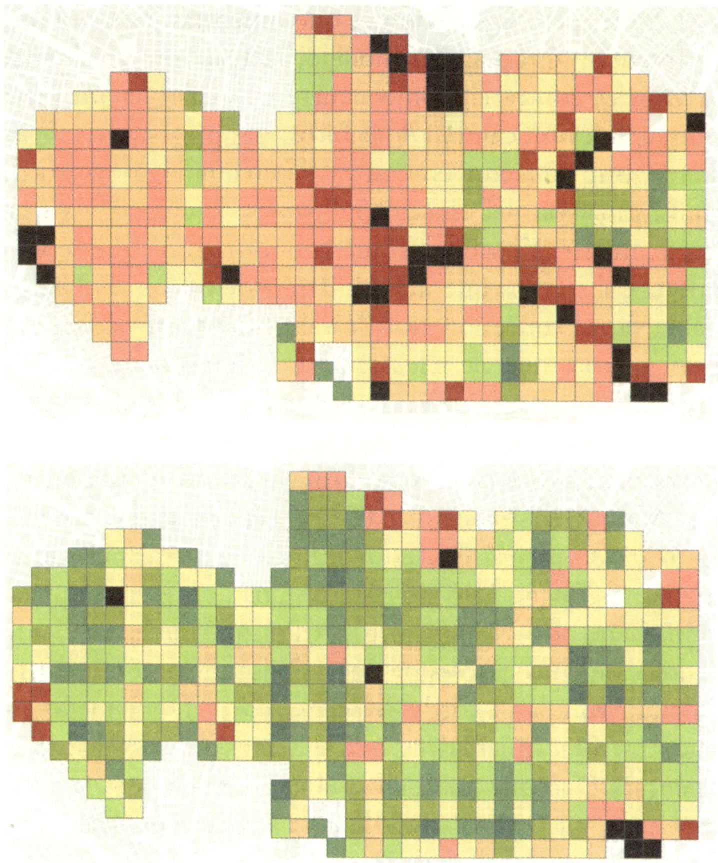

Índice de habitabilidad en el espacio público del Ensanche en el escenario actual (aceptable >65: 32,7 % trama urbana) y en el escenario de supermanzanas (aceptable >65: 83,8 % trama urbana).

nunca lanzaron ese mensaje. Hasta entonces, el proyecto siempre había sido una propuesta estratégica de ciudad, pero de ningún partido en particular.

¿Pero los Comunes no se habían opuesto cuando Trias las propuso? Aunque al final aceptaran abstenerse.

Así es, pero la cuestión es que, mientras los Comunes se intentan apropiar del modelo, la reacción de algunos vecinos es contraria, como ocurre en cualquier proyecto que significa un cambio de hábitos. Las protestas vecinales son el primer factor en contra de cualquier proyecto de transformación del espacio público en la ciudad. Está en los manuales. Ya sabemos que habrá un 30 % que se va a oponer. Y son los que más chillan. Además, en Poblenou había varios concesionarios de vehículos dentro de esa supermanzana, uno de ellos tenía una importante flota de taxis. ¿Y dónde aparcaban y reparaban algunos de esos taxis? Dentro de la supermanzana. Pero el espacio público no es para eso, y cuando se lo recordamos montaron un lío. Aunque la situación más esperpéntica se dio durante la rueda de prensa que convocamos en la misma supermanzana. Cuando los políticos estaban en plena explicación, viene una señora a gritos: «¿Por qué me han quitado el aparcamiento? ¡No estoy de acuerdo!». Montó un escándalo que rompió la rueda de prensa. Le pedí que me lo explicara. «¿Qué quiere decir que le hemos quitado el aparcamiento?» Dijo que antes tenía el aparcamiento en la acera izquierda, y se lo habían trasladado a la derecha. Eso era lo de que le habíamos quitado el aparcamiento. Le dijimos: «Se lo hemos mantenido y además se lo hemos dejado solo para residentes». Fíjate el absurdo, pero cómo se rompe la magia del momento. Una señora cuyos razonamientos eran esos. Son daños irreparables. Y entonces, varios medios de comunicación empezaron a lanzar la idea de que la supermanzana perjudicaba a los vecinos, y que se había hecho con nocturnidad y alevosía porque fue en septiembre. No tenían en cuenta ni el proceso participativo que duró meses ni todos los carteles que el Ayuntamiento había dejado en los portales informando sobre el nuevo sentido de las calles. Yo explicaba que, además, el mapa de las supermanzanas se recogía en el Plan de Movilidad y se había aprobado después de un proceso participativo de un año y medio y por consenso en una de las asambleas del Pacte per la Mobilitat. Y claro que fue en septiembre, ¡porque ese mes tocaba la experimentación práctica de los universitarios! De hecho, los alumnos habían ido casi casa por casa a preguntar la opinión de los vecinos para tenerlos en cuenta a la hora de diseñar las propuestas para cada una de las plazas. ¿Qué más se requiere?

Si esto ha ido así, el problema está en cómo difunden los medios de comunicación la idea de supermanzana. En cómo enfocan la noticia y a qué o quién dan más protagonismo.

Ahí está. El grupo de los Comunes era muy débil, tenía 11 concejales de 41. Gobernaba en solitario. Y querían atribuirse el modelo de la ciudad ellos solos. Eso es un suicidio político. Como decía, las supermanzanas son un proyecto estratégico de ciudad, no de partido. Y ahí está el error: querer arrogarse una idea que ni siquiera es suya, porque además fue aprobada por otros partidos políticos. Y sin calcular que, claro, ¿quién dominaba los medios de comunicación, la televisión? ¿Quién gobernaba la Generalitat? En una ocasión, un presentador de la televisión pública catalana emitió un reportaje en una de las plazas hechas con urbanismo táctico cuando ya se había retirado todo lo efímero. Cogió una pelota y la tiró a una canasta que ya no estaba, quedaba en el suelo la pintura de la cancha. Y un coro de gente mayor alrededor se puso a reírle la gracia.

¿Qué quería decir con eso?

Que en la supermanzana donde los chicos debían jugar a básquet no había ni siquiera canastas. Que allí se hacían cosas absurdas. ¡Pues claro que no había canasta, porque lo efímero ya se había retirado! Pura manipulación informativa. ¿Cómo un medio de comunicación público se atreve a hacer escarnio de esa manera?

O sea, el medio juzga.

Se pone a juzgar sin interesarle la historia que hay detrás, ni la propuesta en sí. Ese es el tema. Y no te digo el capítulo del conductor de autobús. Un señor que se había ido de vacaciones vuelve al trabajo, coge su autobús y, como siempre ha bajado por la calle Roc Boronat y no ha leído el cambio de ruta de la línea, ni nadie le ha avisado de que la ruta de su línea ha cambiado, va y pasa por en medio de la supermanzana. Por definición, las supermanzanas no se atraviesan por el interior. Estaba taponada. ¿De quién es la culpa? ¿De la supermanzana? Ese conductor tenía la ruta en su estación de TMB que le explicaba cuál era el itinerario de la nueva ruta, pero naturalmente ni lo miró. Que no lo supiera era un problema de TMB y de ese conductor que no estaba informado. En cualquier caso, el problema dejó de serlo en cuanto se encontró la calle bloqueada, porque no volvería a repetir esa ruta. Pero los medios de comunicación aprovecharon para montar un escándalo diciendo que todo era un desastre.

Bueno, cualquier proyecto que comienza tiene desajustes. No parece algo tan grave. ¿Un escándalo?

Es un desajuste, pero si tienes la intención y el poder para elevarlo a la categoría de desastre, de catástrofe... Dedicaban primeras páginas, titulares en la televisión pública..., vamos a por ellos. Porque los que gobernaban la alcaldía no estaban alineados con el *establishment*. Además, se venden más noticias cuando la situación se pone bronca.

Hasta se organizaron grupos contra la supermanzana. Una pancarta costaba unos veintipico euros, pero alguien subvencionó pancartas a dos euros para que los ciudadanos las colgaran en sus balcones y dieran una imagen de oposición contundente. Se atacó por tierra, mar y aire. Se hizo una pinza entre la presión más global de los medios de comunicación y los partidos políticos, y la local de algunos vecinos que protestaban de forma evidente y organizada con dinero detrás. ¿De quién depende la televisión pública catalana? De la Generalitat. ¿Y quién estaba gobernándola entonces? El grupo formado por Convergència y Esquerra, los partidos que aprobaron el Plan de Movilidad basado en supermanzanas.

Aquí nos encontramos con la otra cara del absurdo, por la que los mismos que votaron a favor del Plan de Movilidad pasan a boicotear su realización. Y la perjudicada es la idea.

Naturalmente. De todas formas, a favor de Trias debo decir que cuando se presentó la propuesta del Plan, en un acto solemne en el Saló de Cent, el representante de los comerciantes de Barcelona le advierte: «Señor Trias, a ver si las supermanzanas se van a convertir en su propia Diagonal», haciendo referencia a cómo el anterior alcalde había perdido las elecciones, entre otras cosas, por defender el tranvía en la Diagonal. Y Trias le dijo: «Mire, yo estoy convencido de que este Plan es la mejor solución, me lo han explicado con detalle. Pero si tiene usted alguna duda, le sugiero que vaya al despacho de este señor –me señaló a mí–, que le explicará la idea y seguro que saldrá convencido». Lo que pasa es que luego, ya ves..., nos olvidamos de todo si con ello perjudicamos al contrario.

Ahí se ve cómo funciona la política. Nuestro país tiene un hándicap: es muy difícil ponerse de acuerdo en casi todo lo que sea estratégico. Hay una intención poco madura de querer apropiarse de aquello que se pueda considerar positivo y, así, te pones inmediatamente en contra a todos los demás.

En cualquier caso, la supermanzana de Poblenou sobrevivió.

Bueno, de aquella manera. El Ayuntamiento abrió un nuevo proceso de participación. Volvemos a empezar. Y decidieron romper la idea de la supermanzana ocupando la calle Roc Boronat con la entrada de autobuses y vehículos a velocidades de 20 kilómetros por hora... que no se cree nadie. Rompieron la idea de supermanzana. Y cuál fue mi sorpresa cuando, tras dar una conferencia en la Escuela de Arquitectura del Vallès, una vez acabada mi intervención, un muchacho se acerca a la tarima y desde abajo y de manera muy displicente me suelta: «¡Qué!». Como si yo tuviera que reconocerlo. Y dice: «Soy uno de los que han participado en la propuesta final de la supermanzana del Poblenou, y han adoptado mi diseño. ¿Quieres que te lo enseñe?». Este muchacho, que debía estar en aquel momento en primero de carrera, me lo enseñó. En efecto, ocupaba Roc Boronat y unas cuantas calles más. Le dije: «Esto rompe el concepto de supermanzana. Si me presentas esta propuesta en un ejercicio académico, te suspendería». O sea, el Ayuntamiento aceptó una solución que subvertía el espíritu de la supermanzana..., pero, eso sí, salida de un proceso de participación de cuatro gatos mal contados, como el mismo muchacho me señaló.

Se intuye que no eres del todo fan de este tipo de procesos.

Para mí los procesos de participación son muy importantes: si vamos en serio, son cruciales; pero la participación se utiliza muchas veces como un instrumento para validar la toma de decisiones, normalmente desde la izquierda política. El pensamiento conservador se decanta hacia lo individual, y el pensamiento progresista y de izquierdas suele preferir lo común y la participación. Muy bien. El problema es el uso que se hace del instrumento. Me he encontrado con situaciones en las que la manera de zanjar la discusión es decir que el proceso participativo ha decidido esto y ya está. ¿Cómo? Hay una serie de latiguillos que pretenden evitar el debate e implantar aquello que se ha decidido en el pequeño círculo que tiene la capacidad para decidir.

Bueno, al final, los que deciden son los que militan, los que se implican. Aunque no te refieres solo a eso, ¿no?

Para mí, estos procesos son demasiado importantes para hacerlos mal. Deberían parecerse al que se hizo para el Plan de Movilidad de Vitoria-Gasteiz. Una cuestión clave es saber qué papel tiene cada uno de los participantes: la sociedad civil, los técnicos y el estamento político. Sin confundir roles. En Vitoria-Gasteiz se propuso a la sociedad civil que planteara los criterios y objetivos que debía tener el Plan. Ese es el papel principal de la ciudadanía.

Cuando empezó la consulta, comuniqué a quienes me habían llamado que, si la ciudadanía concluía que debían circular más coches, renunciaría a diseñarlo. No fue así. La ciudadanía propuso 19 objetivos bien pensados, definieron cómo querían la ciudad desde el punto de vista de la movilidad y el espacio público. Luego, entramos los técnicos, que interpretamos esos criterios y objetivos y los tradujimos en soluciones prácticas. Y presentamos la propuesta técnica al estamento político de las dos instituciones implicadas, el Gobierno vasco y el Ayuntamiento, que debían aceptar las soluciones y calcular si cabían en los presupuestos. Al final, el Ayuntamiento dio su visto bueno, y el Gobierno vasco, también. Con lo que el Plan volvió a la ciudadanía, donde se explicó a la gente cómo se iban a llevar a la práctica sus propuestas. Punto por punto. La ciudadanía dijo adelante. Y su idea, la de los ciudadanos, se ejecutó.

Pero en demasiadas ocasiones se confunde el papel que debe jugar cada cual. Cualquiera no es capaz de diseñar una red de transporte público. La teoría de redes tiene detrás un montón de conocimientos específicos que no puedes dejar en manos de la gente. Si todo vale y todo el mundo tiene opinión, pasamos al ámbito del opinómetro y la tertulia, un mecanismo bastante nefasto para decidir soluciones adecuadas. Es como si en un proceso de participación relacionado con la sanidad se dijera al grupo de ciudadanos que participa que entren en el quirófano a operar. ¡Oiga! Soy firme defensor de que las decisiones tienen que pasar por el pueblo, no solo en los procesos electorales cada cuatro años, sino en procesos estratégicos para la vida en la ciudad también. Pero no confundamos el papel de cada cual en el proceso participativo.

Aunque la supermanzana de Poblenou no funcione como tal al cien por cien, la percepción de muchos de los que la criticaron ha cambiado. Empezando por los vecinos.

Naturalmente. Una cosa es la realidad y otra las noticias. Es superinteresante ver cómo se articula un relato que no tiene que ser la verdad ni nada que se le parezca. Es un relato. Pero también compruebas que la gente no es tonta. Los machacan tanto que al principio están en contra de la idea porque los que consideran *los suyos* les dicen que esa idea es una catástrofe, que les va a arruinar la vida, pero luego... Hace poco, después de una conferencia sobre supermanzanas, se me acercó una arquitecta y dijo: «Estoy entusiasmada. Yo, que estaba en contra, me he convertido en una fan. Pero es que me habían vendido una película de miedo cuando es una maravilla». Así fue. Después de aquella tormenta perfecta para estigmatizar el término *supermanzana*, se hizo una encuesta y resulta que la mayoría de los ciudadanos de Barcelona estaban a favor. Además, en las elecciones municipales siguientes, los vecinos de esa supermanzana le dieron la mayoría absoluta a los Comunes. O sea que tan mala no debía ser la propuesta.

Si el modelo aguanta y la opinión pública se pronuncia a favor, ¿qué ocurre para que esa célula no se reproduzca como el fractal al que aspiras?

La realidad es muy compleja, el prisma tiene muchísimas caras. Y, repito, es muy difícil entender una supermanzana integralmente. Cada cual estira según una visión especializada de la realidad. El tema de la movilidad es clave en una ciudad donde el automóvil tiene tanto peso. Me consta que el RACC, como el sector del automóvil en general, ha presionado para que se estigmatice el término *supermanzana* porque cree que va en contra de sus intereses. Eso es un error, porque las supermanzanas no van en contra del automóvil, sino de su mal uso dentro de las ciudades. Pero tanto el sector del automóvil como otros sectores influyentes insisten en la idea de que la movilidad en coche va a favor de sus intereses y algunos acaban buscando fórmulas para llevar proyectos concretos como los de las supermanzanas a la justicia y cargárselos. Y entonces aparece una juez que dice que hay que revertir algunas calles ya transformadas, como Consell de Cent, por una cuestión formal de carácter urbanístico. La barbaridad cobró tal dimensión que los mismos denunciantes se echaron las manos a la cabeza con la sentencia y anunciaron que ellos no estaban de acuerdo con revertir lo ya realizado. Pero da igual, se utilizan todas las armas posibles para tumbar algo que creen que puede lesionar sus intereses, cuando no es verdad. Y luego están los asuntos políticos. La ofensiva contra el gobierno de Ada Colau fue generalizada, tanto de medios de comunicación como de sectores económicos y sociales, y muchas de las iniciativas contra las supermanzanas tenían por objetivo echar a los Comunes del gobierno. Los Comunes no supieron medir sus fuerzas y no fue muy inteligente arremeter contra todos a la vez y crearse enemigos incluso en sectores que podrían ser compañeros de viaje. El sector de la energía, del automóvil, del agua, del turismo, de las inmobiliarias y constructoras del comercio... se convirtieron en enemigos acérrimos del gobierno de la ciudad.

En este escenario, lo menos importante eran las supermanzanas. En la batalla política, Colau y la palabra *superilla* (*supermanzana* en español) era lo mismo y, en consecuencia, si se atacaba a la superilla se atacaba a Colau. Que, además, los Comunes se cargaran la Agencia de Ecología Urbana de Barcelona no jugó a su favor. Si no se hubieran apropiado del término y lo hubieran dejado en manos de los creadores, de los que desarrollamos la idea, las discusiones no habrían sido las mismas porque habrían podido esquivar las cuestiones políticas, ceder mucha responsabilidad a los expertos y hablar exclusivamente de las bondades o no del modelo de movilidad y espacio público que surgen de las supermanzanas. El debate hubiera sido sereno, y los argumentos estaban de nuestra parte. Este libro está preñado de los argumentos del debate que no fue posible.

Es lo que hace Trias cuando recomienda a aquel hombre que hable contigo, no con él.

¡Exactamente! Atribuyendo la idea a quienes la crearon, los Comunes hubieran neutralizado muchos, pero muchos ataques furibundos. Al quererse apropiar del término, la cuestión pasó a ser supermanzanas sí o no, sin matices. Y en los medios de comunicación, ¿quién manda? El *establishment*, que es el que se publicita. ¿Quién paga los anuncios? En buena medida, el sector del automóvil.

Yo tengo la experiencia de la entrevista que pedí al RACC para el libro que escribí sobre este tema. Creo que me la concedieron un poco por casualidad porque la persona de prensa marchaba de vacaciones, hubo cruces de llamadas... El caso es que entrevisté al presidente de la Fundación RACC. Cuando volvió el equipo de prensa habitual, me llamaron y me preguntaron: «¿Tú quién eres exactamente?». Y me comunicaron que no querían que se publicase la entrevista. La entrevista se publicó igual, pero comprendí hasta qué punto el RACC es una parte activa en el control del relato.

Porque el RACC es la vanguardia del sector del automóvil, el que tiene los medios para hacer estudios que creen opinión, para contrarrestar y neutralizar a quien consideren un obstáculo. Durante el proceso de participación del Plan de Movilidad, conectamos con todos los que se debía conectar para demostrar la bondad de la propuesta. Con el RACC, si no tuvimos ocho fueron diez las reuniones específicas. Y aceptaron el plan, pero no las supermanzanas. Ya sabemos por qué.

En otoño de 2016 me invitaron a dar una conferencia sobre seguridad vial en Nueva York: inmediatamente después de mi intervención habló el alcalde De Blasio y al acabar su intervención se me acercó la periodista del *New*

York Times que había firmado uno de los mejores artículos que se han hecho sobre las supermanzanas de Barcelona.[1] Me preguntó: «¿Cómo van las supermanzanas?». Le dije que estábamos viviendo la tormenta perfecta, en medio de una batalla contra el gobierno de los Comunes a cuenta de la supermanzana del Poblenou con todos los partidos políticos de la oposición y los medios de comunicación atacando al unísono. Ella me dijo: «Ya lo sé, el presidente del RACC me envía todos los artículos en contra de las supermanzanas y me ha preguntado si voy a escribir un artículo en contra». Le pregunté: «¿Y qué vas a hacer?». «No lo voy a escribir, estoy vacunada. Para el artículo que escribí, entrevisté a los que estaban en contra de las supermanzanas, entre ellos el presidente del RACC, entrevisté a los que estaban a favor y, sobre todo, entrevisté a los ciudadanos que vivían en una supermanzana desde hacía diez años. La conclusión está plasmada en el artículo. Los beneficios son enormes si los comparamos con los inconvenientes.»

Es decir, la cosa no va de automóviles, ni siquiera de economía. Va de política, de poder puro y duro.

Claro. Si el poder es la determinación del comportamiento del otro, el poder es a lo social lo que la energía es a lo físico. Es decir, en lo físico todo se mueve porque hay energía que lo mueve. De hecho, en inglés, energía se dice *power*. En el ámbito social no hay nada que se sustraiga al poder. Nada es nada. Es la «energía» social lo que lo mueve todo. El poder no tiene por qué ser negativo. En lo social, es el que genera la dinámica (*poder* en griego), el cambio.

1. Winnie Hu, «What New York Can Learn From Barcelona's 'Superblocks'», *New York Times*, 30 de septiembre de 2016.

Es el que determina lo que hay que hacer. Pero, a veces, aparecen ideas poderosas con capacidad de transformación que ni siquiera ciertos poderes superlativos pueden matar.

No podrán matarlas, pero sí herirlas, incluso gravemente. Por eso los Comunes, al comprender que no les van a permitir implantar las 503 supermanzanas ideales, optan por el sucedáneo de los ejes verdes.

No sé si esa es la razón para el cambio de rumbo. Hay una reveladora entrevista a un excolaborador de BCNecologia en el diario *Ara*. Se afilió a los Comunes y, según la entrevista, lo hace para plantear los ejes verdes, una involución del concepto de supermanzana.

Pero los ejes verdes salen adelante.

Porque podían y estaban legitimados para hacerlo. Los Comunes habían ganado unas elecciones y tenían el derecho y el presupuesto para desarrollar lo que creyeran conveniente. Yo siempre les dije que estaban en su derecho de implantar los ejes verdes. Mientras fueran calles interiores de supermanzana, era ir a favor de las supermanzanas. Hasta la fecha, las calles Consell de Cent, Rocafort, Comte Borrell y Girona son interiores de supermanzana. Lo que no me parecía bien era que utilizaran la palabra *superilla* cuando no estaban haciendo supermanzanas. De hecho, con el gobierno de los Comunes no se ha implantado ninguna supermanzana completa, a todas les falta algo. Se quisieron quedar con la etiqueta y la utilizaron, me atrevería a decir, sin rigor ni pudor. Hubo un uso abusivo del término «Superilla Barcelona», que se empleaba tanto para ampliar una acera como para cambiar una alcantarilla, pero nunca para anunciar la implementación de una supermanzana porque, a efectos prácticos, no completaron ninguna.

Entonces, ¿los ejes verdes serían algo así como una parte de las supermanzanas?

Mientras se construyan en calles interiores de supermanzana, sí.

Alguien ha dicho que los ejes verdes son un primer paso para implementar las supermanzanas.

Dicen que es una estrategia de gestión que al final nos llevará al mismo destino. Yo digo que eso sería así si no hubieran aprobado una modificación del Plan Urbanístico del 22@ en el Poblenou que se basa en los ejes verdes y no en la estructura de supermanzanas. Si el destino final son las supermanzanas, qué sentido tiene dejar los ejes verdes como destino final. Ahí se ve que decir que los ejes verdes son un paso para llegar a las supermanzanas es una argucia. Es, simplemente, mentira.

Es muy fácil entender la diferencia entre supermanzanas y ejes verdes con un símil: si al vino le pongo un poco de agua, diré que está aguado, pero lo reconoceré como vino. Pero si resulta que la proporción de agua es inmensamente mayor que la de vino, tendré un agua tintada, no vino. Pasa lo mismo cuando hablamos de supermanzanas o ejes verdes. Con las supermanzanas hablamos de la liberación de 2.500 calles que se convierten en calles de prioridad peatonal. Cuando hablamos de ejes verdes hablamos de 100 calles, a mucho estirar, que cuando salen del tejido del Ensanche ni se ven. Las dos son estrategias para incrementar las calles peatonales. Con los ejes verdes al menos tendremos 100 calles. Vale. Pero es que las supermanzanas pretenden tener 2.500 y modificar el modelo de movilidad y espacio público de toda la ciudad, porque son el modelo en sí mismo. El modelo de supermanzanas estructura e integra el conjunto de redes de movilidad decantándose hacia

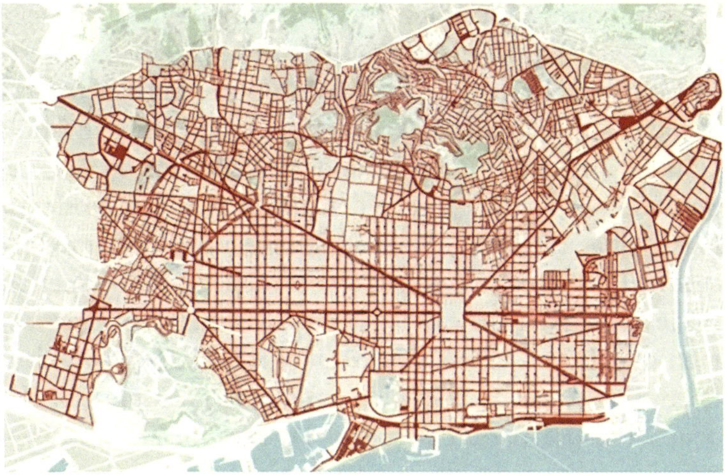

Calles para el tráfico rodado: proyecto Ejes verdes del Ayuntamiento de Barcelona. Fuente: Elaboración propia y Ayuntamiento BCN.

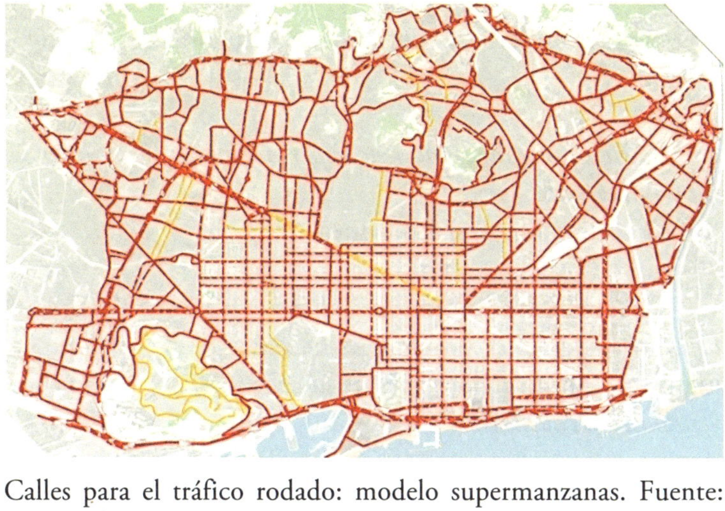

Calles para el tráfico rodado: modelo supermanzanas. Fuente: BCNecologia.

los transportes sostenibles: el transporte público, la bicicleta y los viajes a pie. ¿Qué consiguen los ejes verdes en este ámbito? Prácticamente nada. Las supermanzanas persiguen reducir la contaminación atmosférica de forma drástica. Con su implantación pasaríamos de tener un 44 % de la población expuesta a niveles de contaminación atmosférica inaceptable a un 6 % (datos de 2015). Hoy, con la reducción del tráfico alcanzada, ese porcentaje sería aún menor. ¿Qué consiguen los ejes verdes por sí mismos? Prácticamente nada porque no modifican el modelo de movilidad. Lo mismo con el ruido. ¿Los accidentes? Lo mismo. ¿La ocupación por parte del coche? Lo mismo. No resuelven prácticamente nada. Es una apuesta abstracta y, si se quiere, efectista en su ejecución. Lo que se hace es abordar el problema desde una lógica lineal con una serie de premisas ligadas al efectismo. No responde a ningún modelo.

La propuesta de los ejes verdes se ha planteado como una evolución de las supermanzanas cuando es una involución.[1]

¿Quién pretende hablar de supermanzanas sin aplicar las supermanzanas?

El gobierno de los Comunes.

Pero, al final, ¿no fue ese gobierno el mayor defensor de la idea? Desde que perdieron la alcaldía, el concepto supermanzana *está desapareciendo de la conversación, se está diluyendo del vocabulario.*

1. Salvador Rueda, «Barcelona a la búsqueda de un nuevo modelo urbano: el modelo de supermanzanas se escribe en plural», *REV: Rethink* (2022). Se encuentra en: <https://feut.org/wp-content/uploads/2022-RUEDA-S.-UN-NOU-MODEL-PER-BARCELONA.pdf>.

No, las supermanzanas están más vivas que nunca. Y ya no te digo en el resto del mundo.

Hablo de Barcelona.

Es la ley del péndulo, en unos momentos se habla mucho y en otros menos. Aunque las quieran ocultar no van a poder. El concepto de supermanzana es, hoy, la idea urbanística de Barcelona más importante en el mundo. Se están construyendo supermanzanas en Bogotá, donde las llaman *barrios vitales*; están dibujadas o las están dibujando en París, en Montreal, en Berlín, en Bruselas, en Melbourne, en Wellington (Nueva Zelanda), en Buenos Aires, en La Habana, en Quito, en Copenhague...

En Barcelona, las iniciativas estratégicas de largo alcance que han servido para cambiar la ciudad nunca se decidieron en la ciudad. La primera decisión siempre se tomó fuera de nuestras fronteras. El Plan Cerdà se decidió en Madrid, las Exposiciones Universales se decidieron en París, los Juegos Olímpicos se decidieron en Lausana, el Fórum de las Culturas lo decidió la UNESCO en París. Para que se implantara la red ortogonal de autobuses tuvimos que demostrar que funcionaba en Vitoria-Gasteiz. En 2026 se celebra en Barcelona el Congreso Mundial de Arquitectura y Urbanismo. Esperemos que el gobierno municipal reivindique las supermanzanas y les dé la importancia que tienen en el mundo. Si no lo hace, esperemos que la sociedad civil sí lo haga. En muchas ocasiones, los colegios profesionales se han posicionado a favor de ciertas ideas buenas para la ciudad, aunque el gobierno municipal no lo hiciera. Veremos qué hacen.

Sobre el papel que desempeñan urbanistas y políticos hay un dato llamativo. Cuando hablamos de Cerdà, lo hacemos de un urbanista conocido por ser el creador del Ensanche. Casi nadie recuerda qué político hizo posible ese Ensanche. Ahora, la irrupción de la política es tan abrumadora que desplaza a los creadores de todas las disciplinas, y en ocasiones algunos políticos llegan a proponerse como, más o menos, creadores. Hoy, cuando alguien ajeno a todo esto piensa en supermanzanas, piensa en la exalcaldesa Ada Colau, no en Salvador Rueda. ¿Hasta qué punto la omnipresencia de la política está ocultando el valor de todo lo demás?

Creo que lo importante es que las supermanzanas se implanten, no me parece que debamos centrarnos en cuestiones secundarias. Al periodista de TV3 que quería hacer un programa en *prime time* para explicar quién inició el proyecto de la red ortogonal de autobuses le dije que prefería que se hiciera la red a reivindicar mi figura.

Y ahora, ¿en qué momento estamos? El nuevo alcalde Collboni ha anunciado la era del urbanismo climático, que inaugura con un plan para parchear de verde «algunos rincones olvidados» de la ciudad e intervenir en el interior de las manzanas.

Cuando se habla de sustituir la idea de supermanzana por una intervención en los interiores de manzana, no es más que un juego de confusión, porque no resuelve las disfunciones que es urgente resolver ni incide en los desafíos globales. A principios de los años 2000, desde BCNecologia ya estudiamos qué interiores de manzana podían recuperarse. El número es muy limitado y el coste y los condicionantes, elevados. Si nos preguntamos cómo incidirá el plan de interiores de manzana en la reducción de las muertes prematuras y en la morbilidad causadas por la contaminación atmosférica y el ruido, y en el cambio climático, su mitigación y adaptación... La conclusión es que la repercusión es prácticamente inexistente. Al menos los ejes verdes inciden un poco.

Estos matices no suelen llegar a la opinión pública, pero, cuando lo hacen, el efecto es impresionante. Tuvimos la experiencia en la biblioteca de Collserola. Tras tu intervención, mucha gente salió dispuesta a firmar una denuncia contra el Ayuntamiento por no estar ejecutando el plan de supermanzanas. Recientemente, un grupo de abuelas suizas ganó un juicio contra su gobierno por la inacción climática y seis jóvenes portugueses litigaron con argumentos parecidos contra 32 países. Los chicos perdieron, pero lograron un eco enorme. Esto podría dar esperanzas a los pleiteantes de Barcelona aunque tú advertiste que para que la denuncia prospere debería contar con el apoyo de abogados que trabajen prácticamente pro bono, *y ser todos conscientes de que el proceso durará años y se enfrentará a rivales formidables, corporaciones y gobiernos. En España, ¿la sociedad se está movilizando?*

No veo ningún movimiento que sea capaz de enfrentarse y cambiar el paso a los poderes e instituciones de primera línea o que están en la retaguardia. Franco dijo una frase que me ha rondado mucho tiempo por la cabeza: lo dejo todo atado y bien atado. Nunca supe qué quería decir, pero en los últimos tiempos, al pensar en la justicia en nuestro país, he entendido al menos una parte de la frase. Por algún motivo la necesidad de cambiar las cosas, algunas de ellas con carácter de urgencia –ahora al fenómeno del cambio climático se lo denomina *emergencia climática*– no entra en la ecuación de las sentencias judiciales. Algunas de ellas incluso pueden calificarse como auténticos *lawfare*. Cuando la justicia ha empezado a entrar en la transformación de Barcelona, se ha posicionado sistemáticamente en contra de cualquier cambio. Parece que pretendan retirar todas las reformas emprendidas.

Es muy simbólico lo que ocurrió en Consell de Cent, antes lo comentabas. Cuando se impulsó la transformación de la calle, el lobby del sector turístico Barcelona Oberta presentó una demanda. La calle acabó la reforma. La gente empezó a caminar por allí y el estupendo cambio que había supuesto para la ciudad se convirtió en tema de conversación. A los tres meses, una jueza sentenció en contra de la reforma y ordenó devolver la calle a su estado original dando la razón a unos denunciantes que consideraban inaceptable aquella «modificación encubierta del plan general metropolitano, en la medida en que convierte un vial en un espacio libre». Literalmente. Lo curioso es que cuando preguntaron a un portavoz de los denunciantes, este dijo que, claro, ahora no iban a cambiar de nuevo la calle..., pero que sí mantendrían la denuncia contra las reformas propuestas en Via Laietana y Pi i Margall. De hecho, esa sentencia creó jurisprudencia. Y, hace unos días, una jueza ha sentenciado contra los cambios en Via Laietana. Pese a los beneficios constatados en Consell de Cent, pese a que los propios denunciantes reconocieron que ahora no iban a revertir lo hecho en una calle que contaba con el apoyo prácticamente unánime de la ciudadanía, pese a todo esto, el objetivo de una élite muy influyente es continuar boicoteando cualquier atisbo de eje verde o, por supuesto, supermanzana que se proponga en la ciudad. Y desde luego que parece extraño que siempre gane los juicios el que quiere retirar los cambios en Consell de Cent, los cambios en Via Laietana. En definitiva, hay unos políticos que dicen quiero pero no puedo, y se pliegan; una ciudadanía que sí quiere Consell de Cent; y luego un poder económico que consigue que los jueces determinen que lo que no les conviene a ellos no es bue-

no para la ciudad. Estos casos demuestran que, aunque se llegue a los consensos suficientes, por encima tienes un poder que te va a bloquear.

Siempre estamos en lo mismo. Abordar los problemas de una manera parcial sin entenderlos en su totalidad da lugar a monstruos y eso explica que determinados poderes puedan incidir mejor. Algunos son poderes ocultos y tienen todos los mecanismos y resortes para parar lo que consideran que puede lesionar sus intereses.

En una ocasión, estando yo en Tenerife, el fiscal general de Medio Ambiente del Tribunal Supremo dio una conferencia en el casino de la Orotava. Cuando llegó el turno de preguntas del público, pedí la palabra y le expliqué que en Barcelona teníamos un Plan de Movilidad aprobado por el plenario del Ayuntamiento con soluciones para diversos aspectos de la movilidad y el espacio público y para reducir el impacto del actual modelo de movilidad sobre la salud de la población. Le expliqué que, de implantarse las supermanzanas aprobadas, se evitarían 667 muertes prematuras y un montón de enfermedades al año, y además nos podríamos ahorrar 1.700 millones de euros de la factura sanitaria y de la seguridad social cada año. Después de la explicación le pregunto: «¿Qué se debe hacer en estos casos en los que conocemos el impacto del modelo de movilidad actual sobre la salud y sobre la economía y, además, tenemos el Plan aprobado con las soluciones que pueden evitar semejante impacto? ¿De quién es la responsabilidad?». Y él me responde: «Es que esto es muy complejo». «¿Y usted no podría actuar de oficio?», pregunto. Se mostró profundamente molesto e incómodo.

EL URBANISMO ECOSISTÉMICO Y LA CARTA PARA LA PLANIFICACIÓN ECOSISTÉMICA DE LAS CIUDADES Y METRÓPOLIS

Lograr una vida mejor es el objetivo de la planificación urbana moderna. Remontémonos a cuando Ebenezer Howard diseña la ciudad jardín. Su intención era ofrecer calma y espacios verdes a la ciudadanía y planteaba grandes alineaciones de casas adosadas, cada una con su jardín. De algún modo proponía una supermanzana primitiva, pero con casas unifamiliares, con una densidad poblacional ínfima, y el resultado es algo similar a las company towns, *urbanizaciones que concentraban empleados a menudo de una misma empresa con casas muy separadas unas de otras donde los trabajadores iban básicamente a dormir y se comunicaban con muy pocos vecinos. El modelo no funcionó. De ahí se saltó a la ciudad radiante, la misma idea que la ciudad jardín pero, en lugar de casitas, la calle estaba rodeada por rascacielos..., sin servicios a ras de suelo. Una ciudad gigante sin vida en las calles. Tampoco funcionó. Y luego aparece la ciudad bella, la monumental, una ciudad tan primorosa que resulta artificial, más pensada para los historiadores y el turismo que para vivir en ella. ¿Cómo hemos evolucionado desde esas ciudades en las que solo se consideraban las dos variables de verde y asfalto hasta la complejidad de la ciudad densa?*

Ha habido planificadores con mucha influencia en la historia del urbanismo que han logrado plasmar sus propuestas, y, por ello, se han podido analizar sus debilidades y por qué no han funcionado. Otros dejaron sus ideas en el papel, pero lo que buscaban todos era resolver los grandes desafíos de su tiempo. El problema, en mi opinión, es que trataban los sistemas urbanos de manera parcial y simplificada. Hoy continuamos con visiones parciales de la realidad urbana y no hay más que ver que cada cierto tiempo aparece un nuevo tipo de ciudad. La ciudad saludable, la ciudad inteligente, la ciudad de los quince minutos, la ciudad resiliente... para resolver o impulsar determinados aspectos del sistema urbano. He escrito un libro titulado *Planificando con fractales*[1] donde defino un modelo urbano intencional que integra a todos y cada uno de los tipos de ciudad que se han propuesto últimamente y analizo, también, los planes que propusieron Cerdà y Le Corbusier para Barcelona poniendo de relieve las soluciones para resolver los problemas de esta ciudad en cada momento histórico. En el siglo XIX, Barcelona sufría epidemias cada ocho o nueve años con una mortandad de cinco o seis mil personas y, a la vez, la ciudad necesitaba acomodarse a la nueva sociedad industrial en aspectos tan importantes como la introducción de la locomotora o la navegación con carbón. Cerdà detectó que el movimiento horizontal era una premisa clave en la nueva sociedad industrial, que además era global, y propuso la infraestructura adecuada para domesticar la locomotora. El puerto se expandía para asegurar el comercio marítimo y se conectaba por ferrocarril con el territorio saliendo por lo que hoy

1. El libro *Planificando con fractales*, Universidad de Uruguay, 2024. Se encuentra en www.feut.org.

son las vías principales de entrada y salida de Barcelona. En el caso de Le Corbusier y el movimiento moderno, reflejado muy bien en la Carta de Atenas, se intenta hacer compatible la vida en la ciudad con el trabajo. Querían resolver los desajustes que venían de la mano de la sociedad industrial separando físicamente las funciones: la industria, por ejemplo, estaba alejada, fuera de la ciudad. También observaron que el coche era muy ruidoso, así que plantearon la necesidad de domesticarlo, urbanizarlo. La propuesta para Barcelona de Le Corbusier, plasmada en el Plan Macià, se estructura en una red de tres por tres manzanas (una supermanzana de 400 × 400 metros) y a esa unidad la llama *sector*, donde los coches circularán alrededor pero no entrarán. Y en el interior dibuja bloques en forma de greca de doce plantas y un espacio verde de entretenimiento para cultivar el cuerpo y el alma.

O sea, eres heredero directo de ese planteamiento.

Bueno, yo no soy arquitecto y concibo las supermanzanas antes de conocer las obras de Cerdà y de Le Corbusier. La posibilidad de articular la planificación en tres por tres manzanas se da en algunas zonas del Ensanche de Barcelona, pero el resto son tejidos que no tienen nada que ver con la retícula ortogonal. Lo importante es la red, que busca liberar la máxima superficie posible dedicada a la movilidad de paso sin comprometer el funcionamiento de la ciudad. Al final es una ecuación que busca resolver un montón de disfunciones relacionadas con la movilidad y el espacio público y que ha evolucionado para solventar, también, los aspectos clave del urbanismo, un instrumento creado para abordar los desafíos actuales creados por la urbanización.

Es fundamental presentar un modelo urbano que defina un terreno de juego común para todos, y un instrumento, el urbanismo ecosistémico, que defina las reglas del juego para atender a los grandes retos globales que tenemos como humanidad, y abordar las disfunciones locales ligadas a la cohesión social, la biodiversidad, el metabolismo, la organización urbana, la morfología, la funcionalidad... No puede ser que, como tendencia para producir ciudad, sigamos generando suburbio y asumiendo la segregación social. No tiene sentido mantener un sistema basado en la ineficiencia con el argumento de que eso genera más riqueza. No puede ser que el desarrollo económico se base en un consumo de recursos exacerbado donde gana quien sea capaz de consumir más. Es ir contra las leyes de la naturaleza, y de la naturaleza humana, porque en el centro no se ponen las personas, sino la economía crematística. Se necesita pensar de manera sistémica y hasta ahora las lógicas han sido lineales.

Vista desde aquí, la ciudad jardín se antoja muy primitiva, el fruto de un par de ideas básicas, muy bienintencionada pero del todo ineficaz.

Ya en 1958 Warren Weaver[1] enumeró tres fases de desarrollo en la historia del pensamiento científico: capacidad para tratar problemas sencillos, capacidad para tratar problemas de complejidad desorganizada y capacidad para tratar problemas de complejidad organizada. En los siglos XVII, XVIII y XIX la ciencia centraba la búsqueda de regularidades limitando el número de variables a dos, máximo tres. En el siglo XX el método analítico, con el desarrollo de la estadística y la teoría de la probabilidad, in-

1. W. Weaver, *A Quarter Century in the Natural Sciences*, Nueva York, Rockefeller Foundation, 1958.

cluye en el análisis cientos de variables a la vez, pero tratando particularmente cada una de ellas sin alcanzar el análisis integral. Son problemas de complejidad desorganizada. Ya bien entrado el siglo XX aparece el análisis de los sistemas complejos organizados de la mano de las ciencias de la vida, donde todo está interrelacionado de manera sistémica, y «emergen» propiedades que hacen que el todo sea más que la suma de las partes.

El traslado del pensamiento científico a las teorías urbanísticas tuvo sus inicios a finales del siglo XIX, y Ebenezer Howard se limitó a incluir un par de variables para la resolución del problema: la ciudad jardín tenía en cuenta, principalmente, la población y el empleo en un sistema cerrado. Al alojamiento se le añadían los equipamientos y, al conjunto, un cinturón verde. Estas unidades «autosuficientes» se extendían hasta planificar la región entera. La ciudad jardín es de una simplicidad extrema.

La ciudad jardín se desarrolla a costa del consumo de suelo, construyendo edificios de casita y jardín esparcidos por territorios inmensos. Para el capitalismo era maravilloso, el territorio se ponía a su disposición. Si miras una imagen aérea de un campo de olivos a distancia, si en lugar de olivos pones casas, no sabrías distinguir qué es lo uno y qué es lo otro. Es una disposición industrial. Solo que unas son más rentables que los otros. Los intereses económicos estaban encantados con la ciudad jardín porque, además, si querías ir de un sitio a otro solo podías hacerlo en coche. Todo era consumo. Con todo, se debe destacar que la ciudad jardín nace en un escenario de grandes ciudades con un transporte tirado por animales que en sus calles acumulaban excrementos que hedían y herían la sensibilidad de cualquiera. En el mundo rururbano estas disfunciones se minimizaban.

¿Los Ángeles es la ciudad más emblemática de esa estirpe?
Sí, una de ellas.

Cuando dices que Le Corbusier y el movimiento moderno quieren arreglar problemas pero lo que generan es un desastre, ¿a qué te refieres?

Antes me gustaría decir que Le Corbusier y el movimiento moderno basaron su teoría urbanística incluyendo cuatro funciones en el proyecto: la de trabajar, la de residir, la de circular y la de cultivar el cuerpo y el alma (entretenimiento) que debían hacer compatible la vida urbana en la ciudad industrial. Las funciones se separan en el territorio y se ocupan territorios enormes. La ciudad radiante de Le Corbusier es la plasmación en la realidad de esa teoría. Desde el primer tercio del siglo XX hasta la actualidad, el funcionalismo es la base del urbanismo incluido en los planes generales. El resultado no puede ser más negativo. Este proceso urbanizador es uno de los principales responsables de las actuales incertidumbres globales, en especial el cambio climático, y de las actuales disfunciones urbanas. A eso me refiero cuando hablo de desastre, porque la planificación debe servir para anticiparse y asegurar el futuro y no para crear incertidumbres que dibujan un escenario sin futuro.

Veamos algunos aspectos que explican parte del «desastre». Si he separado las funciones urbanas en territorios inmensos, tendré que construir infraestructuras viarias para acceder en coche. A pie es imposible. Si puedo acceder a mi destino a pie, la energía que necesito, que además es renovable, equivale a una bombilla doméstica de 150 vatios. Pero si lo hago en coche necesito seis mil veces más energía, que además es no renovable y emisora de contaminación y gases de efecto invernadero. Imaginemos a todo el mundo circulando con el automóvil gastando seis mil veces más. En determinadas urbanizaciones de la Costa del Sol, el consumo de agua es de 500 litros por habitante y día, como en California. En el resto de España, la mayoría de las urbanizaciones quizá no llegan a esos niveles, gastan doscientos y pico litros, pero es que en Barcelona ciudad el consumo es de 104 litros por habitante y día. Es decir, la propuesta de separar las funciones en el territorio multiplica por dos y hasta por cinco el consumo de agua. Con la energía y los materiales pasa lo mismo, porque las casas unifamiliares están expuestas a los cuatro vientos y mantenerlas es carísimo, necesitas una cantidad de recursos tremenda. Y como además a la gente no le gusta mezclarse, los ricos viven con los ricos y los pobres no tienen más remedio que vivir con los pobres, así que hay una enorme segregación social. En esto ha derivado esa forma de producir ciudad. Y nos ha llevado a la aceleración de los procesos generadores del cambio climático, de modo que ahora la ciudad es el primer causante de las actuales incertidumbres que tenemos con el clima. Por lo que es urgente modificar el rumbo.

El modelo Barcelona planteado entre los años ochenta y noventa ha tenido y tiene una gran proyección internacional, un proyecto admirado en todo el mundo.

Sin duda. El modelo Barcelona de aquella época lo impulsa un grupo de arquitectos procedente de la Escuela de Arquitectura de Barcelona. Antes del fin de la dictadura, ya habían detectado cómo frenar el desaguisado y destrucción del patrimonio arquitectónico impulsado, sobre todo, por el alcalde franquista José M.ª Porcioles. Planifican y son capaces de implantar proyectos de transformación de gran alcance como las nuevas áreas de centralidad o la transformación del espacio público con acupuntura urbana o la regeneración del frente litoral, devolviéndole a la ciudad el mar Mediterráneo. Su apuesta teórica estaba basada en el «proyecto urbano», y se focalizaban en partes concretas de la ciudad. El modelo era el proyecto en sí, no abarcaba la ciudad entera. Para ellos la ciudad no era un ecosistema. El problema de aquel modelo fue que, entre otras cuestiones, no tuvieron en cuenta las disfunciones ambientales ni cambiaron el modelo de movilidad.

¿Cuál es para ti el modelo de ciudad que superaría los déficits de los modelos anteriores?

El conjunto de elementos constitutivos de una ciudad, con sus relaciones y restricciones, da como resultado un sistema de proporciones. Salvando las distancias, una paella es un sistema de proporciones. Aun usando los mejores ingredientes, si no se le pone sal, la paella estará sosa. Si se le añade demasiada, será incomestible. A la ciudad le sucede lo mismo.

Si la ciudad se prodiga en la extensión de suburbio, es bastante probable que se produzca una segregación social por rentas, culturas o etnias. La desigualdad entre territorios se hará realidad y la seguridad se resentirá. En el suburbio que suele tener la residencia como función casi exclusiva, el déficit de los servicios básicos y los equipamientos obligará a los residentes a utilizar el coche para acceder a ellos. Si el reparto modal está excesivamente decantado hacia el vehículo privado, la ocupación masiva del espacio público por el coche, la congestión o la calidad del aire darán como resultado un centro urbano de escasa calidad urbana y habitabilidad.

El análisis lo podríamos extender a otras variables urbanas. Con este ejemplo se pone de manifiesto la necesidad de integrar el conjunto de variables para que las proporciones trabajen sinérgicamente en el abordaje de los retos actuales y ahí es cuando entra la ecología urbana,[1] que considera la ciudad un ecosistema[2] y aborda la realidad urbana de manera integral. Así, llevaríamos el urbanismo a la tercera fase del pensamiento científico según Weaver.

Las ciudades son los sistemas más complejos que ha creado la especie humana. La única manera de aproximarse a dicha complejidad y alcanzar el sistema de proporciones equilibrado es a través de modelos que tengan por objetivo abordar los desafíos actuales, que simplifiquen la realidad y permitan canalizar la energía del cambio con los instrumentos adecuados.

Para mí, el modelo que superaría los déficits de los modelos anteriores tiene que ser compacto en su morfología, complejo en su organización, biodiverso, eficiente en el uso de los recursos naturales y cohesionado socialmente. En la práctica, viene con las supermanzanas funcionales –las más conocidas–, que son la base del nuevo modelo de

1. Salvador Rueda, *Ecologia urbana*, *op. cit.* Se encuentra en www.feut.org.

2. Un sistema es un conjunto de elementos fisicoquímicos que entran en relación y que, a su vez, establecen un conjunto de restricciones sobre el comportamiento de los elementos que, al final, permiten identificarlo. La definición ayuda a entender como sistema una habitación, un edificio, un barrio, una ciudad o una metrópoli, es decir, que una de sus propiedades es su escalabilidad. En todos los casos la definición se cumple. Cuando un sistema tiene organismos entre sus componentes se denomina *ecosistema*. Los seres humanos son el componente principal de los ecosistemas urbanos. La laxitud de la definición permite entender, como decíamos antes, que fuera de los sistemas no hay nada. De ahí su fuerza y la necesidad de aproximarse a los mismos de manera holística y, valga la redundancia, «sistémica».

movilidad y espacio público, y con las supermanzanas urbanísticas, que son la base del urbanismo ecosistémico, teorizado[1] pero todavía sin concreción en Barcelona.

¿Qué papel tienen las supermanzanas urbanísticas en el modelo que propones?

Una de las características del concepto de ecosistema es su escalabilidad. Si la ciudad es un ecosistema, ¿cuál es el ecosistema mínimo urbano capaz de acoger e integrar los principios y objetivos del urbanismo ecosistémico? La supermanzana urbanística, un fractal de 16/20 hectáreas

Cerdà ideó un fractal: la intervía; Le Corbusier ideó el sector. Ambos incluyen en la célula urbana de base las variables que deseaban resolver en la ciudad. El urbanismo ecosistémico articula su propuesta a través de un fractal: la supermanzana, que incluye quince principios urbanísticos: compacidad vs. dispersión; descompresión vs. compresión; accesibilidad vs. movilidad privada; ciudadano vs. peatón; habitabilidad en el espacio público; complejidad vs. simplificación; hiperconectividad; verde vs. asfalto; autosuficiencia vs. dependencia energética; autosuficiencia hídrica con recursos próximos y renovables; reducción, reutilización y reciclaje; cohesión social vs. exclusión social; acceso universal a la vivienda en edificios más sostenibles; dotación y distribución equilibrada de equipamiento. Fuente: Elaboración propia.

1. Salvador Rueda, *Regenerando el Plan Cerdà, op. cit.*

que contiene el conjunto de principios del urbanismo ecosistémico. La repetición de la supermanzana urbanística garantiza la consecución de los principios y objetivos del urbanismo ecosistémico.

Por eso redactaste la Carta para la Planificación Ecosistémica de las ciudades y metrópolis.

Antes había escrito el libro *El urbanismo ecosistémico.*[1] La *Carta*[2] es fruto de una consulta que me hace Alfred Bosch, alcaldable de Barcelona por Esquerra Republicana de Catalunya y que, además, era el responsable del departamento de Exteriores del Área Metropolitana de Barcelona. Tras la cumbre de las Naciones Unidas de Quito en octubre de 2016, se lanzó la Agenda Urbana Internacional. Me preguntó: «¿Qué hacemos con ella?». Le dije que la Agenda funciona como un paraguas de grandes principios. Que deberíamos redactar un documento que hiciera aterrizar el modelo urbano que planteaba, que no era otro que el que vengo proponiendo desde finales de los ochenta, y enseñar cómo hacerlo.

Hay un precedente, le dije: la Carta de Atenas, que se gesta en los años treinta, cuando los miembros del movimiento moderno hacen un viaje de Marsella a Atenas, entre ellos Le Corbusier y Josep Lluís Sert, para discutir sobre los principios para planificar las ciudades. Las conclusiones se recogieron en un documento redactado principalmente por Le Corbusier, un texto que se ha

1. Salvador Rueda *et al.*, *El urbanismo ecosistémico*, Barcelona, BCNecologia. Se encuentra en www.feut.org.

2. Salvador Rueda, *Carta...*, *op. cit.* Se encuentra en <https://feut.org/wp-content/uploads/Carta-para-la-planificacion-ecosistemica-de-las-ciudades-y-metropolis-2021.pdf>.

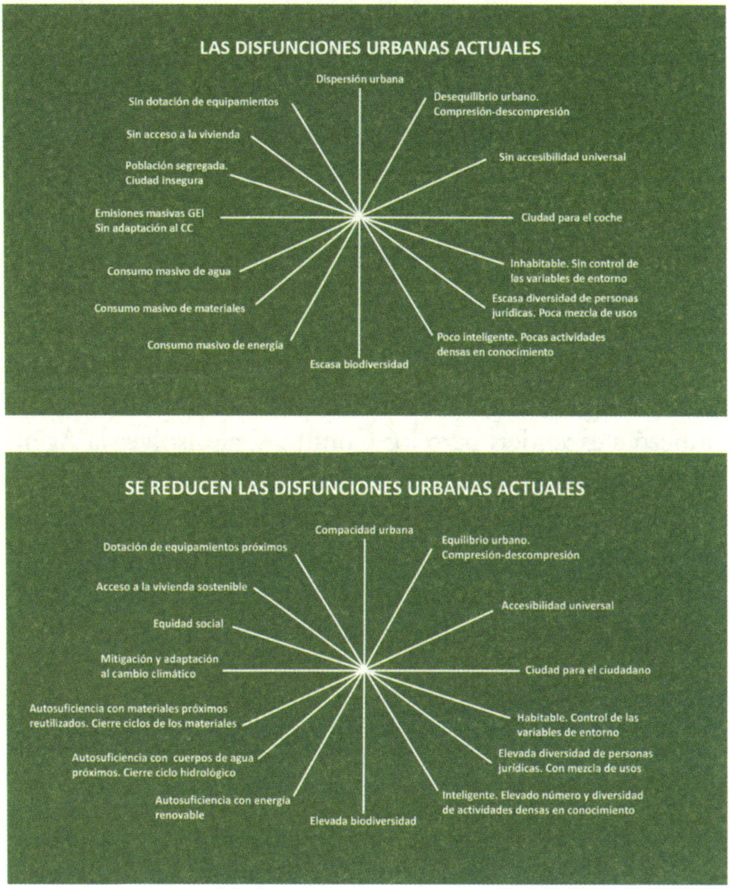

Reducción de las disfunciones actuales aplicando los principios del urbanismo ecosistémico. Fuente: Elaboración propia.

convertido en el manual más utilizado en la historia del urbanismo. Dije que, igual que se redactó la Carta de Atenas, necesitábamos un documento que se acomodara a los retos que teníamos sobre la mesa y diera las pautas de cómo abordarlos. Y me pregunta: «¿Serías capaz de hacerlo?». «No lo sé, pero si no lo intento no lo sabré nunca.» Escribo la Carta, como un instrumento práctico para el desarrollo del modelo urbano. Se trata a la ciudad como un ecosistema y se incorpora el bagaje de conocimientos de la ecología urbana y la ecología académica poniendo en el centro de la planificación a la persona y a las leyes de la naturaleza. Y en el documento aparece un elemento clave, la supermanzana, un fractal que, como he dicho, actúa como base del urbanismo ecosistémico.

¿Qué ha sido de la Carta?

Está corriendo por el mundo. Su escritura desembocó en un congreso internacional en Barcelona. La Carta se empezó a extender, pero los Comunes, al disolver la Agencia de Ecología Urbana en noviembre de 2019, truncaron el proceso. En aquel momento eran más de cuatrocientos los municipios adscritos a la Carta, además de un número elevado de instituciones, empresas y asociaciones. La Carta ha quedado como libro y sus ideas siguen dando vueltas por el mundo.

Aunque desapareciera la Agencia, la Carta no deja de ser una propuesta útil. ¿Por qué no la promueve alguna otra institución?

Para mover algo de esta envergadura se necesita una organización que lo impulse. Piensa en la infinidad de documentos que aparecen a diario colgados en redes de todo tipo. Casi cada mes surge un nuevo tipo de ciudad. Es muy difícil desbrozar lo que puede tener más o menos sentido de lo que se convertirá en una moda pasajera. Yo no paro de dar conferencias sobre la Carta por todo el mundo, pero las ideas deben pasar diversos filtros: uno es la necesidad de pertenecer a una institución con prestigio, la Agencia lo tenía antes de su desaparición, y el otro es el corporativismo. Yo no soy arquitecto, y en este mundo parece que cada individuo debe tener una adscripción a un grupo concreto, a una profesión con título, si quiere recibir apoyos declarados.

Tú te consideras ecólogo urbano. ¿Quién acoge esa figura?

El que es capaz de sintetizar los problemas complejos. Recuerda que la ciudad es el sistema más complejo creado por la especie humana. En mis conferencias, cuando surge esta pregunta, tanto si estoy con arquitectos, ingenieros, geógrafos, lo que sea, les digo que cualquiera de ellos puede ser un ecólogo urbano, pero deben tener dos cualidades: una, ser capaces de sintetizar problemas complejos, y, otra, poseer amplios conocimientos para llegar a la síntesis. Después de montar la Agencia, en el equipo había veinte profesiones diferentes. Cinco clases de ingenieros, arquitectos, geógrafos, biólogos, psicólogos..., había de todo. El problema es que siempre hemos utilizado la especialización para resolver los problemas, pero el especialista, claro, no tiene en cuenta todas las variables. Se necesitan equipos con profesionales que posean conocimientos amplios y capacidad de síntesis para formular modelos.

¿Qué ejemplos de mentes sistémicas, no lineales, te inspiran?

Margalef, Darwin, Cerdà..., los grandes que han sido capaces de interpretar un cambio de paradigma haciendo posible que la ciencia y las sociedades avancen. Cerdà, en el ámbito urbanístico, incorpora todos los conocimientos de su época e incluso algunos de su propia cosecha para crear un modelo que busca resolver los conflictos de la sociedad en aquel momento, fundamentalmente los ligados a la higiene y los relacionados con la nueva era industrial. Cerdà integra todas las piezas. Muchas de las cuales se abandonarán luego por el camino: todo el verde urbano, las proporciones, se fueron al traste... por avaricia. Pero eso es otro tema, no tiene que ver con él, con su plan. La propuesta de Cerdà, construida tal y como la pensó, hubiera alcanzado una calificación de 78 sobre 100 analizada con el Certificado del Urbanismo Ecosistémico.

Ese certificado evalúa todos los parámetros que deciden la calidad y la sostenibilidad de una ciudad. ¿Qué puntuación tiene el Ensanche actual?

Un 57 sobre 100. Las supermanzanas la elevarían hasta el 82. El Plan Cerdà con supermanzanas llegaría al 90 sobre 100. No conozco a nadie que haya hecho una apuesta tan sistémica como la suya, y es un tema que he estudiado a fondo. Cerdà me ayuda a conceptualizar la supermanzana como un fractal. Sobre eso he escrito en mi libro *Regenerando el Plan Cerdà*.[1]

Cerdà crea la manzana, Le Corbusier define el sector de 400 × 400 metros...

... con edificios de doce plantas en forma de grecas y espacio libre para el entretenimiento y el verde y con los vehículos circulando alrededor del perímetro. Y lo repite hasta la saciedad, hasta Castelldefels. Cargándose lo que haya que cargarse, lo demuele. Hace lo mismo en París. Las funciones que tiene por objetivo se repiten en cada sector. También crea un fractal.

Y tras la manzana y los sectores, ahora llega la supermanzana.

Así como Cerdà buscaba resolver los problemas higiénicos e incorporarse a la sociedad industrial, Le Corbusier

1. Salvador Rueda, *Regenerando el Plan Cerdà*, *op. cit.*

y el movimiento moderno buscan hacer compatibles las funciones urbanas separando las áreas de producción de los lugares de residencia. La supermanzana busca abordar los desafíos globales urbanos y reducir las disfunciones locales. Si las ciudades son una de las principales causas de las actuales incertidumbres, es razonable que las regeneremos con nuevos principios. Y de ahí viene el urbanismo ecosistémico y la supermanzana urbanística, una célula urbana, un fractal con unas dimensiones que oscilan entre las 16 y las 25 hectáreas y que incluye en su seno los quince principios del urbanismo ecosistémico. La supermanzana urbanística acoge los principales elementos para transformar la ciudad a su escala y, por repetición, a escala urbana.

Una supermanzana puede erigirse en el ecosistema que inicie y catalice la transformación de tejidos que requieren regenerarse. Actúa como una pequeña ciudad que incorpora la mayoría de los principios y los restrictores urbanos, es decir, implanta el modelo urbano a pequeña escala y propone cambios profundos que solo se pueden conseguir si el modelo se implanta en toda la ciudad.

¿Cuándo aparece la idea de urbanismo ecosistémico?

En el año 2012, cuando diseñamos el nuevo barrio[1] del Sector de Llevant en Figueres (Girona).

¿Es una idea concebida por ti?

Sí, es una idea que se ha ido cociendo lentamente, que ha evolucionado a medida que se iban desarrollando multitud de proyectos tanto sectoriales como estratégicos en

1. Salvador Rueda *et al.*, *El urbanismo ecosistémico*, *op. cit.*

todo el mundo. En los últimos estadios del proceso ha aparecido el fractal, que permite el encaje de las distintas partes del cuerpo teórico. Con todo, el urbanismo ecosistémico no sería lo que es sin el trabajo en equipo de BCNecologia y de los excelentes profesionales que, a lo largo de veinte años, participaron en más de 400 proyectos en 144 ciudades del mundo.

En realidad, el fractal ya lo tenías, lo que haces es nombrarlo, popularizarlo.

Claro. Como todo. La ciencia avanza porque somos capaces de añadir sistemas de clasificación con variables que estaban sin explicar. Cuando uno dice que tiene fiebre es porque se ha medido la temperatura con un termómetro, pero antes la fiebre no existía, porque no había forma de medirla. Se decía: esa persona está muy caliente. La fiebre aparece cuando se crea el instrumento de medir. En este caso es lo mismo. La supermanzana como fractal es una forma de medir la sostenibilidad y la resiliencia de una ciudad. Y encaja con la base teórica y de conocimientos que viene de la ecología académica.

Esta medida tan científica debería facilitar las intervenciones urbanas. Los resultados positivos resultan incontestables. Es ciencia.

El problema de los ecosistemas urbanos es que están preñados de intereses, de poder, de intenciones. La ecología urbana está muy atrasada porque es muy complicado establecer regularidades, que es lo que busca la ciencia, porque ese entramado de intenciones e intereses hace que cualquier proyecto de búsqueda de regularidades se escape como agua entre los dedos.

Cuando te pregunto por ciudades de vanguardia no acabas de decir ninguna. Ninguna te convence.

Plantear el tema de la vanguardia es complicado. Depende de para qué y qué instrumento utilicemos para comparar las ciudades. Deberíamos analizarlas a través de los indicadores del Certificado del Urbanismo Ecosistémico,[1] que nos permiten saber el grado de equilibrio y de proporciones adecuadas para abordar los retos globales y las disfunciones locales, pero, lamentablemente, ese análisis no existe. Lo que sí hay es mucho marketing. A veces escuchas que se loan ciertas propuestas de ciudades como Friburgo, y cuando vas allí ves un gran trabajo relacionado con la infraestructura verde, con la energía renovable, pero observas déficits de complejidad –no hay suficiente mixticidad de usos–, de compacidad, de cohesión social. Me resulta difícil distinguir una ciudad en particular. Barcelona proyectó su modelo *urbi et orbi*. Con todo, mantuvieron el mismo modelo de movilidad y lo que ello supone. París ha hecho una gran apuesta por los carriles bici, ha implementado procesos para aumentar los movimientos a pie en tiempo récord. Bogotá ha hecho una apuesta por implementar programas maravillosos para cuidar a las cuidadoras. Vitoria es la ciudad más verde de España. Medellín hizo una apuesta por la movilidad en metro conectada al Metrocable y dio acceso a la ciudad a los barrios más desfavorecidos. Todas las ciudades que se precien están intentando posicionarse en la vanguardia de las ciudades sostenibles, inteligentes o saludables, pero los cambios son limitados, entre otras cosas porque la escala temporal para cambiar una ciudad es de décadas.

1. Salvador Rueda *et al.*, *Certificado del Urbanismo Ecosistémico*, Barcelona, BCNecologia, 2018. Se encuentra en www.feut.org.

Entonces, ¿crees que hay un desfase entre lo que se comunica y lo que sucede en la realidad?

Así es. Fui miembro del grupo de expertos de medio ambiente de la Unión Europea con el que lanzamos la Agenda 21 en Aalborg. En las reuniones que se celebraban en Bruselas, yo decía: «¿Es que una ciudad pasa a ser sostenible por hacer un kilómetro de carril bici?». Y preguntaba: «¿Cuántos kilómetros de carriles para coche se han construido mientras hacían ese kilómetro? ¿Cincuenta?». Está bien publicitar y maximizar el esfuerzo que realizas, pero ¿por qué nunca se explica el otro lado de la moneda? Algunas ciudades han abierto caminos en el ámbito de la bicicleta, como Copenhague, Ámsterdam, ciudades del centro y el norte de Europa. Pero cuando un periodista de Dinamarca me entrevista y le explico la propuesta poliédrica de las supermanzanas, se queda sorprendido y dice: claro, nosotros hemos sustituido las autopistas de los coches por autopistas de bicicletas, pero todo está ligado, solo está ligado, al desplazamiento. Quiero decir que, a veces, comunicamos y ensalzamos aspectos parciales que no cambian, a la vez, el modelo de movilidad y el de espacio público. En Barcelona se ha hecho un esfuerzo que sí ha conseguido dar un vuelco al primero pero no hemos cambiado el de espacio público, es decir, el cambio de usos en él. Y eso viene con las supermanzanas. Creo que una ciudad puede funcionar con menos del 10 % de viajes hechos en vehículo privado. Es a lo que tendríamos que aspirar. Ahora estamos en el 19,9 %. ¿En Bogotá han hecho esfuerzos? Sí. Pero los vehículos circulan a 11 kilómetros por hora. Está colapsada. Sí, han hecho un montón de kilómetros para la bicicleta, han enverdecido..., pero hay que abordarlo de manera integral, cambiar el paradigma.

¿Por qué no se habla de eso? ¿Por qué no se difunden a gran escala esas cifras?

Porque la aproximación a los problemas no es sistémica y las técnicas de comunicación, menos. Porque el sistema que tenemos es de silos, de partidos, y la contienda prevalece sobre todo lo demás. Los que toman las decisiones están en el *fregao* de la contienda. La democracia representativa tiene ese problema. Lo que está partido es muy difícil unirlo. En Barcelona, cada vez que se adoptan estrategias comunes es porque alguien las toma por encima de sus partidos.

¿Y por qué a menudo se alude sobre todo a ciudades nórdicas cuando se habla de sostenibilidad, de urbanismo? Siempre se menciona a Ámsterdam, Copenhague... o Vancouver, a la que se cita como «dragón verde», la expresión que se usa para identificar a las ciudades bandera en este aspecto.

No es oro todo lo que reluce.

¿Vancouver tampoco?

¿Cómo tendríamos que calificar a una ciudad que en algunos puntos tiene un radio de 200 kilómetros de suburbio? Tiene un centro urbano interesante y un frente litoral de gran calidad. El resto es un inmenso suburbio. Es una ciudad insostenible.

¿Y por qué nos la plantean como una referencia, como ni más ni menos que un «dragón verde»?

Han hecho un gran esfuerzo que se debe reconocer y aprender de ello. Pero conocer en profundidad los detalles del sistema más complejo que ha creado la especie humana exige tener un conocimiento preciso, y es muy fácil que te metan un gol por la escuadra, que te vendan lo que les dé la gana. El marketing se aprovecha de la ignorancia, de lo que no sabemos. Lanza mensajes pretendidamente generales que siempre son parciales: la ciudad verde. ¿Qué es la ciudad verde? Una ciudad donde la gente pasa horas y horas para llegar a sus destinos no parece demasiado estupenda por muy verde que la vendan. Mientras se regeneraba el frente marítimo se construía un suburbio de varios kilómetros cuadrados...

A estas alturas los urbanistas habéis visto ciudades de mil formas, tenéis la perspectiva de la Historia y se supone que no cuesta tanto percibir si una ciudad responde a unos mínimos de calidad. Si, como dices, la realidad de Vancouver es tan diferente, deberían salir voces expertas que criticaran ese fraude, ¿no?

Si me preguntan, ya ves lo que digo.

Pero ¿por qué no reaccionan otros especialistas? Bueno, no es que no reaccionen, es que aceptan destacarla como «dragón verde».

He tenido la suerte de trabajar en casi doscientas ciudades en todo el mundo. Me resulta relativamente sencillo analizar realidades urbanas porque lo primero que trato de entender es el sistema de proporciones que tienen. Quiero saber si se habla de paellas o de un cocido. En muchas ocasiones no puedo decir nada porque no conozco la ciudad, pero, mira, de Vancouver sí puedo hablar porque he trabajado allí y sé lo que hay detrás. Sé lo que es ese inmenso suburbio al que no saben cómo meter mano para generar áreas de centralidad y que la gente deje de ir dando vueltas con su coche día sí y día también.

Y, por el contrario, las ciudades mediterráneas proponen...

Aunque de un tiempo a esta parte, la mayoría de las ciudades del mundo han adoptado el modelo anglosajón de producir ciudad, cuando alguien va a Florencia, Nápoles, Barcelona[1] o a cualquier ciudad española, porque todas podrían considerarse fruto de la cultura mediterránea, ¿qué ve? Unas posibilidades tremendas en los tejidos con solera. Son, de entrada, tramas compactas que tienen una buena mixticidad de usos y mantienen una razonable cohesión social, cuestiones fundamentales para generar un buen sistema de proporciones. Sin duda, el mayor patrimonio que tienen los españoles son sus ciudades.

¿Por qué?

Porque tienen un sistema de proporciones mejor que el modelo anglosajón. Hay que hacer cambios profundos, pero su calidad urbana permite visualizar enseguida las modificaciones que se pueden realizar en un tiempo limitado. Los anglosajones prefieren el suburbio, aunque sea un desierto urbano, a las calles mediterráneas con un ruido ensordecedor y contaminadas. Con las supermanzanas, el 70 % del espacio público estaría calmado y sin las disfunciones que hoy tienen las ciudades mediterráneas. Serían espacios vivos y vibrantes, sin ruido ni contaminación. Estoy convencido de que si las supermanzanas se hubieran inventado en Inglaterra o en Estados Unidos, sabiendo lo bien que manejan el marketing, hoy tendríamos supermanzanas hasta en la sopa.

Me enseñaste el libro que Janette Sadik-Khan te regaló con una dedicatoria: «To my hero». Menudo piropo, vinien-

1. Salvador Rueda, *Barcelona, ciudad mediterránea, compacta y compleja. Una visión de futuro más sostenible*, Barcelona, Ayuntamiento de Barcelona, 2002. Se encuentra en <https://feut.org/wp-content/uploads/BARCELONA-CIUDAD-MEDITERRANEA.pdf>.

do de la urbanista que implantó el carril bici en Nueva York y peatonalizó Times Square. En el libro, que se publicó en 2017, halaga ciudades que fueron destrozadas urbanísticamente por la llegada de dinero cataclísmico pero luego han logrado alguna transformación interesante. Habla de Madrid Río, de Seúl, de Seattle. Pero, pese a la dedicatoria, no menciona a Barcelona. A ella le interesan mucho el carril bici y la peatonalización.

Sobre todo el carril bici. Janette es una de las personas con mayor energía y determinación que conozco. Sin esa determinación es difícil entender el gran resultado obtenido en Times Square. Como dices, habla de Madrid Río. Vale. Alude a una de las inversiones más grandes de Europa, que soterró 12 kilómetros de M30 y que se presupuestó en 1.500 millones de euros y acabó costando 9.400 millones de euros. En 2021 el alcalde de Madrid prometió invertir 3.000 millones más para soterrar la M30 Norte. En las ciudades españolas, para hacer un pequeño soterramiento se tienen que alinear los astros desde el principio del Big Bang. En Madrid se ha soterrado una autopista que en algunas zonas tiene cinco carriles de ida y cinco de vuelta, una obra faraónica. Madrid Río es superinteresante, pero tiene una enorme parte de *greenwashing*, que Madrid se puede permitir porque es la capital del Estado. Puede hacer inversiones que, a veces, si el contratista privado no puede pagar, contienen una cláusula para que las acabe pagando el Estado, como ocurrió con las autopistas de Aznar. Unas autopistas que las hemos pagado entre todos. En cuanto a Seúl, allí suprimieron una autopista que estaba en el cauce de un río. Seguramente ya no deberían haber construido esa barbaridad. En el caso de Barcelona, tenemos una de las operaciones más potentes en la regeneración de su frente marítimo, en una ciudad que daba la espalda al mar; o la demolición de scalextrics en altura; o la propuesta de supermanzanas y el cambio de paradigma que ello supondría. Que Sadik-Khan no incluya estas realidades en su libro, bueno... A veces uno, lo digo por experiencia, no tiene la información precisa en el momento de redactar el libro y ello no quiere decir que se menosprecie la ciudad que no aparece.

De un tiempo a esta parte algunas propuestas urbanísticas tienen en cuenta la perspectiva de género. Las supermanzanas forman parte de esa vanguardia.

La cuestión de género está implícita de muchas formas en el proyecto de las supermanzanas, por sus objetivos de mejora global de la calidad de la vida cotidiana. Actualmente existe un consenso generalizado sobre la función de la vivienda asequible y de calidad, la multifuncionalidad, la disponibilidad de espacios verdes, la prestación de servicios e infraestructuras sociales y culturales y el cambio hacia patrones de movilidad sostenible, que son aspectos fundamentales para un buen funcionamiento de las relaciones sociales y suponen una mejora en la vida diaria de sus habitantes. Estas condiciones son el núcleo del urbanismo feminista, como lo son también las aspiraciones del modelo urbano propuesto por el proyecto de las supermanzanas.

Las supermanzanas tienen ya el certificado de calidad de organizaciones mundiales como la OCDE, sus prestaciones son casi imbatibles..., así que insisto: ¿cuál es el perfil de quienes llevan adelante la idea y el de los que no?

El perfil de los que deciden implementar supermanzanas no está definido. En Barcelona las han apoyado políticos de distinta ideología. Con Xavier Casas, socialista, se implantó la primera supermanzana del Born; con Ricard Martínez, nacionalista de izquierda, se implantaron las dos primeras supermanzanas de Gràcia; con Xavier Trias, nacionalista conservador, se aprobó el Plan de Movilidad basado en supermanzanas y se inició la implementación de una supermanzana en Les Corts y otra en Poblenou. En Vitoria-Gasteiz, con el alcalde Alfonso Alonso, del Partido Popular, se diseñó el Plan de Movilidad basado en supermanzanas y se implantó la supermanzana de la almendra central; con Patxi Lazcoz, socialista, se continuó el proceso de implantación... Depende del contexto y de las personas, que, necesariamente, han de tener una mente abierta. Para que se avance en la implantación de supermanzanas el contexto es determinante y yo puedo asegurar que desde 1987 he estado muy pendiente para intervenir cuando he creído que los astros podían alinearse.

Cuando uno explica las supermanzanas es difícil que alguien diga que no lo entiende. Es sencillo. Hilvanas una secuencia de frases, una detrás de otra, y el oyente ve cómo el rompecabezas se llena de contenido. Fácil. Pero hay algo detrás que multiplica la dificultad de la puesta en marcha, un montón de elementos de distinta naturaleza que lo hace muy complejo y, a veces, muy complicado. El ejemplo que me viene a la cabeza es cuando dicen: *Esto lo podía haber inventado yo*. ¿Sí? Yo les digo: Fíjate en una bailarina de danza clásica. La mejor. Verás cómo empieza a dar vueltas con la punta del pie como si no hubiera un mañana. Increíble. Lo ves y dices: qué fácil. Y cuanto más buena es, más fácil parece. Fácil, ¿no? Ahora hazlo tú. Y a las tres vueltas te has caído al suelo.

Tres vueltas son muchas.

Bueno, a la media vuelta, ja, ja, ja, a la media vuelta al suelo.

O sea, que básicamente necesitas como interlocutoras a personas de mente abierta, flexible y algo renacentista, interesadas por la vida en su sentido más extenso.

Pero, igualmente, algunos con mentes abiertas te dicen: No, el transporte público en lugar de por aquí debe pasar por ahí. Y no entienden que no puede ser como dicen porque lo que proponemos está interconectado con multitud de variables que trabajan juntas en el seno de una red y de un modelo. Está todo perfectamente cuadrado. ¿Usted cómo reconoce a un ser humano? Porque tiene cabeza, tronco y extremidades, ¿verdad? Dos piernas. Si tuviera tres sería un monstruo. Todos los humanos tienen un aire común pero no hay ninguno idéntico. Es decir, existe un modelo, si bien hay que preservar los componentes de cada uno, y eso es lo que se ha encargado de hacer la evolución. Pero la toma de decisiones no llega a esos niveles de entendimiento, el político en tantas ocasiones no sabe lo que hay que hacer, no tiene el conocimiento para entender la interacción de las variables en el modelo. Normalmente piensa en los votos, lo que no suele pasar de ser pura intuición, y da lugar a errores.

A menudo el político sabe lo que quiere hacer y por qué. Asume el error como un peaje.

No lo dudo, y por eso creo que hay que repensar la democracia. Y no se pueden repensar simplemente los mecanismos de ejercer el poder. Hay que incorporar el porqué y el para qué del poder. Sin eso perdemos pie y entramos en la batalla del quítate tú que me pongo yo, y el fin justifica los medios, y al final creamos monstruos. El adversario se convierte en enemigo y buscamos su destrucción. Que se aparten los que no piensan como nosotros. Y así funcionamos, como tribus.

Varios analistas de ciudades, desde urbanistas a arquitectos y políticos, han dicho más de una vez que cuando se llega a un punto en el que no se puede esperar consenso, alguien debe imponer su criterio. Ese alguien suele ser el alcalde o la alcaldesa. Esto encaja con tus dudas ante la democracia representativa, pero asumir que hay una jerarquía de sabios o especialistas que imponen su idea sin atender a los discrepantes es disruptivo y políticamente incorrecto..., a la vez que eficaz para ejecutar planes que de otro modo no prosperarían y acaban revelándose buenos para la comunidad. ¿Tus dudas ante la democracia representativa se deben a que en ocasiones paraliza?

A los hechos me remito. ¿Cuántas Administraciones llegan y paralizan lo que había hecho la anterior, no importa la bondad de lo que estaba desarrollando? ¿Qué pasa entonces? Algunas Administraciones como la francesa tienen un cuerpo de funcionarios compuesto por gente que prepara el propio Estado, y, cuando algunos suben a directores generales, preservan más o menos los procesos impulsados para que tengan continuidad al margen del partido que gobierne. Pero eso es más bien raro y tampoco es la solución.

¿Sugieres que, solo con la democracia representativa, es casi imposible avanzar?

Si aspiramos a superar esta situación que lastimosamente nos lleva al enlentecimiento de procesos que hoy son urgentes, habría que buscar mecanismos para que las batallas internas estén ligadas a cuestiones menores pero permitan abordar las estratégicas que nos dan las soluciones que buscamos. Alguien dirá: entonces actuemos con autoritarismo. Bueno, no digo eso. Creo que hay un déficit en la forma de abordar los problemas. Todo está planteado para que a un problema se le busque una solución, y normalmente se busca una solución al uso sin tener en cuenta las variables secundarias que pueden quedar malmetidas. La gente que vive en los márgenes de la Gran Vía entre la Verneda y el Poblenou se quejó del infernal ruido de la vía, y el Ayuntamiento adoptó la solución de apantallarla en lugar de cubrirla. Aún recuerdo las discusiones en las que primaban los criterios económicos de vuelo raso, gallináceo. Se atendió la demanda original reduciendo el impacto ruidoso en las fachadas. Se utilizó la lógica lineal de a un problema le buscamos una solución, sin ir más allá e incluir criterios que, con un poco más de inversión,

Asamblea en la supermanzana del Poblenou discutiendo sobre el futuro del espacio público de Barcelona. Fuente: Amy Oliver.

hubieran resuelto infinidad de disfunciones: el problema de la división de los barrios, la renaturalización del área, la reducción de la contaminación atmosférica... Pero para ello es necesario ponerse de acuerdo en los mecanismos de toma de decisiones. Y ahí entra la democracia participativa, que, como decía, es algo muy serio que se debería desplegar definiendo, entre otras cosas, el papel de los participantes: ciudadanía, técnicos y políticos. En la democracia participativa el objetivo es que la ciudadanía tome las decisiones no solo cada cuatro años depositando su voto, sino muchas más veces en procesos estratégicos y no tan estratégicos para aumentar la capacidad de anticipación, reducir las actuales incertidumbres y conseguir que habitemos CIUDADES CON FUTURO.

ÍNDICE